U0121059

后浪

一 种 正 确 的 可 能

HOW TO THINK POLITICALLY
Sages, Scholars and Statesmen Whose Ideas Have Shaped the World

GRAEME GARRARD　　JAMES BERNARD MURPHY

[英]格雷姆·加勒德　[美]詹姆斯·伯纳德·墨菲 著　杨婕 译

光明日报出版社

前言　政治——一种正确的可能

今天大家都习惯于把政治比喻为泥坑，因为对大多数人来说，政治呈现出的就是一副充满着欺骗、野心和机会主义的庸俗景象。当今大众对政治机构和领导人的信任已经陷入新的低谷，政客也比之前更遭人蔑视，选民的愤怒程度和觉醒程度正以惊人的速度增长。无谓的政治争吵分散了人们的注意力，最终导致我们放任公民疏远政治，听凭市场和官僚为我们做出决定。在这种政治图景中，观念、理想根本不可能发挥作用。

政治一贯是混乱的事务，在表面上它宣扬崇高的理想和原则，实际上却由权宜之计和折中妥协真正主导。政治通常是一个粗暴而肮脏的游戏，是"权力的游戏"，充满了相互冲突的利益、情感、金钱和权力。大多数时候，政治是一桩卑鄙肮脏的交易，正如19世纪英国首相罗斯伯里勋爵（Lord Rosebery）所说的那样，政治是"恶臭的泥坑"。政治过程如此不体面，以致它主要是在封闭的过程中进行的：法律制定的过程就像香肠制作的过程一样肮脏，没有哪个体面人想要观看。

上述对政治的看法部分是正确的，但这并非政治的全部。相对于其他领域，政治既能展现人性的至恶，也能展现人性的至善。我们已经对政治中至恶的部分非常熟悉了，因而本书旨在向读者展示那些关于至善的，虽不常见但却为我们的时代所迫切需要的政治思想。此外，政治实际上是观念、理想与具体现实相遇之处，是伟大的言辞、事迹与卑劣的动机、阴谋相结合之处。

虽然政治可以是仅仅通过武力或欺诈来控制人的活动，但正如政治理论家伯纳德·克里克（Bernard Crick）在为艺术辩护时所说，至善的政治也可以成为"伟大而文明的人类活动"。克里克是正确的，历史已向我们证明，政治可以并且已经被用于达成良善的、审慎的目的。正如你将在下文中看到的那样，政治能够展现出道德的高尚和知识的深邃，而这是当前电视真人秀和"推特治国"所无法企及的。政治决定了我们星球的命运。这就是为什么作为公民，我们有责任参与政治。用列夫·托洛茨基（Leon Trotsky）的话来说：你可以不关心政治，但政治却时刻关心着你。

我们认为公民有知情权，但公民也应该是有知识的，甚至是有智慧的。当今，虽然信息已可以将我们淹没，知识和智慧却仍然像以往一样稀缺。由于数字技术的奇迹，我们被淹没在数据、事实和观点的海洋中。现在我们需要的不是更多的信息，而是更好的洞察力；不是更多的数据，而是更多的视角、更多的观点、更多的智慧。毕竟，许多所谓的信息实际上是错误的，大多数意见都缺乏真正的知识，更不用说智慧了。我们只要对当今政治状况稍有了解，就不应抱有幻想，认为信息的爆炸会带来更聪明的公民或政客，或者会提高公众辩论的质量。相反，信息爆炸只会带来错误的信息，并淹没真正的知识。

本书将帮助您超越政治信息获得知识，进而获得智慧。信息是关于事实的，是具体的；知识更具有普遍性，并包含着理解与分析的成分；而智慧则是洞察事物现实的最高和最深刻的形式。我们邀您一窥历史上最具智慧的政治学者的一系列观点。在本书 28 个简短的章节中，我们将会向您介绍诸多精彩的人物，从中国古代的流浪圣人孔子，到现代登山者和生态学家阿恩·奈斯；从穆斯林伊玛目阿尔·法拉比，到流亡的德国犹太知识分子汉娜·阿伦特；从古希腊哲学家柏拉图，到美国教授约翰·罗尔斯。

在本书中，我们将每位思想家的生活和当时的时代背景，以及他们对政治重要的、广为人知的洞见穿插讲述。所有思想家都试图把他们那个时代的政治信息提炼成真正的知识，把这些知识变成关于如何使个人和群体生活得更好的普遍智慧。我们从亚洲、非洲、欧洲和美洲选出了 28 位历史上最具智慧和影响力的政治思想家。在每一章的结尾，我们都会反思每位智者能够为当今我们所面临的政治挑战提供的智慧。

简单地用谷歌搜索一下就能找到关于这些思想家生活和思想的大量信息。首先了解一些关于这些思想家的基本信息和观点是正确的，但很多人想了解的并不止于这些。我们希望了解得更多一些、更深一些，并能够将了解到的信息整合成一套连贯的、有说服力的对政治的理解。在 50 年的学术和教学经验的基础上，我们将大量历史资料和哲学思考综合起来，目的不是把读者进一步淹没在信息之中，而是向其介绍历史上最伟大的政治人物和思想，以激发读者的兴趣和想象力。

政治不仅仅是利益冲突，非纯粹实践性的思想也在人类事务中起着决定性的作用。这一点在美国建国之初表现得最为明显。美国建国与法国大革命、俄国革命一样，既是一场军事之战，也是一场思想之战。同样地，西方民粹主义者对全球化、伊斯兰教和移民的反抗，既是一场关于权力和利益的斗争，更是一场关于身份和价值观的斗争。这就是为何每个政治体都必然会争论关于思想和概念的问题。理想与现实的交汇点往往是合作与冲突、理想主义与犬儒主义、希望与绝望并存的地方。正是在那里，哲学才能最透彻地阐释政治。如果没有哲学的光亮，那政治就真的是一片只剩打打杀杀的黑暗战场了。

最常与政治联系在一起的概念是权力。如果缺少了权力寻求、争夺和行使的舞台，还有什么政治可言呢？诚然，权力也会在家庭、教堂、职场中出现，但最高权力始终属于政府和政治。政府本身有时就被定义为对行使强制权力的合法垄断。

如果人类能够自发地认同我们的共同生活，就没有必要行使权力，也就没有必要搞政治了。但问题在于，我们的意见往往是不一致的，因此必须赋予某人权力来决定何时开战、如何征税等问题。权力政治不仅是不可避免的，而且还特别的肮脏和残酷。这是一种零和博弈：一个人、一个党或一个国家获得权力，就意味着另一方权力的失去。原则上，经济活动可以让每个人更富有；但在政治中并不是每个人都可以统治：政治中必然有赢家和输家。

如果政治是权力之争，那么它与动物的行为有何不同呢？毕竟，在动物王国里，我们也会看到围绕着权力、统治和服从的竞争。那么，难道政治竞争只不过是动物般的对抗冲突吗？难道政治领导人就像赤裸的猿猴一样，在维护他们的统治地位吗？有些政治哲学家确实把人类的政治比作动物的权力斗争。然而，古希腊哲学家亚里士多德认为，人类政治的独特之处在于，我们不仅为权力而斗争，而且为正义而斗争。其他动物可以交流快乐或痛苦，但只有人类的语言可以区分善恶、对错、正义与否。

为了理解权力和正义在政治中的重要性，我们可以将一个有权力但没有正当性的政府与一个有正当性但没有权力的政府进行比较。第二次世界大战期间，纳粹德国在欧洲战败国建立了许多政府，这些政府拥有控制领土的权力，但缺乏正当性或正义性。与此同时，许多欧洲被占领国家的合法政府逃到了伦敦。这两类政府都各有其致命的缺陷：前者有权力但缺乏正当性，因此经常与自己的公民交战；后者是正义的但没有权力，因此无法保护其公民的权利。谁愿意生活在一个只有权力的政府之下，或者生活在一个只有正义的政府之下呢？很显然，我们都希望权力能够得到公正地行使，或者说，正义能够控制权力。

因此，政治是权力和正义的交汇点：权力是正义的，正义是有权力的；政治是有强权做保障的正义，是能够被正确使用的强权。政治活动是一种将正义概念引入权力的尝试。未执行或无法执行的正义有何价值？不以正义为指导的权力又有何价值？前者是纯粹的幻想，后者则是纯粹的暴行。正义通过告诉我们什么是正确的，从而赋予法律以"指导力量"；权力通过实施确保服从的制裁，从而赋予法律以"强制力量"。如果人类是完全善良的，法律只需要指引我们如何走向正确和公正即可；但面对自私顽固的人性，法律正义必须依赖强制性的制裁。

天真的理想主义者认为政治只关乎正义；天真的犬儒主义者认为政治只关乎权力。而本书中的伟大政治思想家在任何意义上都远非天真；他们都认为政治是正义和权力的交汇点，尽管他们对正义和权力是什么，以及它们应该在哪里交汇存在分歧。一些人，如奥古斯丁、马基雅维利、霍布斯、尼采，都强调权力的政治：例如，奥古斯丁将政府比作有组织的犯罪。而其他人，如柏拉图、阿奎那、洛克、卢梭、潘恩、康德、密尔、罗尔斯和努斯鲍姆，则强调正义的政治：柏拉图认为正义只有在哲学家统治时才会出现，努斯鲍姆则认为正义只有在公民能够完全自治时才会出现。

对正义的渴望使政治变得高尚，而对权力的争夺使政治变得肮脏。19世纪伟大的历史学家阿克顿勋爵（Lord Acton）有一句名言：“权力会导致腐败，绝对的权力会导致绝对的腐败。”他的这句话针对的是教皇，表明权力甚至可以摧毁最好的人的品格。我们对当权者的道德腐败再熟悉不过了，从罗马皇帝骇人听闻的堕落到希特勒独裁统治的血腥恐怖。但无权（powerlessness）也会导致腐败：远离权力迫害的正义计划往往变成乌托邦式的、不负责任的和危险的。法国和俄国的政治思想家在发动伟大革命之前是完全无权的；因此，他们为消除婚姻、社会阶层、宗教、财产、金钱和历法制订了雄心勃勃的计划。正确的政治思想有赖于对正义和权力的要求有清醒的认识。只要人们对“权力应是正义的，强权应得到正确的行使”的诉求持续存在，我们就需要政治哲学家帮助我们来回答“如何实现正义”这一问题。

那么，这些伟大的政治思想家是如何与当时的政治联系起来的？正如我们将要看到的，其中一些人是纯粹的理论家，远离权力实践，如阿尔·法拉比、沃斯通克拉夫特、康德、黑格尔、尼采、阿伦特、哈耶克和罗尔斯。他们要么太激进，要么太专业，因而无法直接参与政治。还有一些人实际上担任过政治职务：马基雅维利和休谟是外交官；柏克、托克维尔、密尔都是议员；麦迪逊则是现代国家的创始人和领袖。但大多数政治哲学家既不是纯粹的理论家，也不是真正的政治家，而是试图影响当时政治领袖的学术顾问。例如，孔子曾向几位诸侯国国君提供圣人忠告，却被忽视和流放；柏拉图冒着生命危险来到西西里岛，但他想要在该地塑造一个僭主的想法最终被证明是一种无望的幻想；亚里士多德向曾是他学生的亚历山大大帝提出建议，而亚历山大大帝对此完全不予理睬；托马斯·潘恩在两次重大革命中都发挥了重要的群众动员作用。换句话说，大多数政治哲学家都试图影响他们那个时代的统治者。但至关重要的是，我们选择的 28 位思想家所做的不仅如此，他们还通过自己的作品提出了超越他们所处时代的政治问题和政治观点。因此，我们最好还是听听他们的教诲。

　　有人说，历史永远不会重演，但它常常是有规律的。如果我们在一百年前写这本书，我们可能不会选择几位重要的古代思想家，如孔子、阿尔·法拉比和迈蒙尼德。在 20 世纪初的时候，历史似乎已经将儒家、伊斯兰和犹太政治思想抛诸脑后了。但是，之后我们却神奇地目睹了后毛泽东时代中国的儒家复兴、伊斯兰政治理论在全球范围内的爆炸性增长，以及中东犹太国家的出现。以至于在今天，没有比这几位几乎曾经被我们所遗忘的思想家更为重要的人物了。正如威廉·福克纳提醒我们的那样："过去从未消亡，它甚至从未过去。"至于未来，我们把年表稍做了一下调整，把阿恩·奈斯作为最后一位思想家，因为我们认为，他对人类与自然关系的思考必定会随着时间的推移变得更加重要。

　　作为一种通过辩论而非单纯的武力来管理人类社会的方式，政治在人类历史上出现的时间相对较晚，并很可能会在未来消失。随着消费者取代公民，官僚取代政治家，未来人类社会很可能由市场和监管机构的结合体来治理。当然，在许多方面，由技术专家治理的市场经济将比由政治主导的混乱的、有争议的、靠不住的政府更有效率、更井井有条。消费者会更幸福，治理也更可预测。但如果要衡量在那样一个世界我们可能会失去什么，就请你翻过这一页开始你的思想旅程。

目 录

古　代

1 孔子：圣人

暗杀、背叛、煽动叛乱、战争和酷刑，这些在中国这个世界上持续时间最长的文明古国的历史上司空见惯。在从公元前770年到公元前5世纪中叶的春秋时期，数百个互相争斗的小国被野心勃勃的统治者逐渐合并成更大的政权。与两千年后意大利的文艺复兴时期一样，这段充满暴力政治冲突的时期也是伟大的文化和知识酝酿的时期。

在政治动荡中，孔子试图通过向国内或交战国的君主们提供建议，从而为社会带来秩序、正义与和谐。虽然孔子对一些君主产生了一定的影响，尤其是对他的家乡鲁国的君主，但总的来说，孔子毕生提倡仁政的努力最终只为自己招致了迫害和放逐，他被迫在各诸侯国之间逃奔。就像19世纪欧洲的卡尔·马克思一样，孔子过着贫困的、被流放的生活，得不到世人的认可。当他最喜爱的弟子前来拜访并向他求教时，时已73岁的孔子只能发出一声意味深长的无奈叹息。

孔子（在中国的耶稣会传教士尊称他为"孔夫子"）生活在25个世纪以前。像历史上许多极具影响力的老师（如耶稣和苏格拉底）一样，孔子也从来没有写过任何东西，所以我们只能从他的学生和论敌留下的记录中重建对他的认识。这些记录往往在几个世纪之后才被人发现，因此，我们对于孔子教学的确切性质的了解，总是带有很大的不确定性。此外，还与耶稣和苏格拉底一样，孔子在他的一生中也充满了迫害和失败，对后世却影响深远，成为中国历史上最有影响力的老师。后来由其学生记载的关于孔子的教诲和思想的合集——《论语》，不仅记载了孔子说过的话，而且还记载了他所做的事及他如何生活。

孔子显然更倾向于个人美德的伦理，而非规则和法律的伦理："道之以政，齐之以刑，民免而无耻。道之以德，齐之以礼，有耻且格。"[1] 而现代西方伦理和法律的目标则是使我们的行为符合理性的道德或法律标准。虽然在孔子的名言中可以找到一些这样的格言，如"己所不欲，勿施于人"[2]，但儒家思想一般不注重行为本身，而是注重行为人的品格。孔子的道德观，就像苏格拉底和耶稣的道德观一样，是一种关于存在（being）的伦理，而不是关于行为（doing）的伦理：在我们能做正确的事情之前，我们首先需要成为正确的人。

在儒家看来，人一生的修行就在于努力成为这样一种人：他的欲望、激情、思想和行为都是有益万物的。但美德不仅要有好的意愿，还需要有好的能力：有美德的人培养"仁"的性情，而这些性情必须以完美的"礼"表现出来。这种伦理纪律的"方式"或"路径"，既要求人掌控内在的激情和思想，又

1　《论语·为政篇》。除特殊说明外，本书注释均为译者所加。
2　《论语·颜渊篇》。

要求人遵守外在的仪式。真正的"仁"需要同时掌握自我的和社会的规范，以确定对每个阶层的尊重。孔子的思想围绕"礼"展开，他强调生活各个方面的礼仪：礼仪是人内心和谐的外显，一个人的道德价值就是由遵守这些礼仪的程度来衡量的。

柏拉图和亚里士多德在"良善"（beautiful goodness）的概念中发展出了类似的美学和道德理想的融合。德行既包括道德上的善（goodness），也包括高贵（nobility）或美（beauty），仅仅有好的意愿或好的举止是不够的。儒家的道德理想与古希腊一样，既是审美的又是道德的，与人的一生息息相关。这两种理想都强调一个品德良好的人所具有的美德的基本统一。

孔子在《论语》中诉说了他自己的道德成长之路："吾十有五而志于学，三十而立，四十而不惑，五十而知天命，六十而耳顺，七十而从心所欲，不逾矩。"[1]

第一，是对学习的重视。孔子所说的学习，显然不只是对知识的掌握。儒家所说的学习是指"志于学"，也就是说，学习经典的故事、音乐、书籍和诗歌，直到它们融入一个人内心深处的信仰和欲望。正如一位后世贤者所说，儒家学者并不诠释经典；相反，他让经典诠释他。[2]这种学习确实需要一些背

1　《论语·为政篇》。
2　宋·陆九渊《语录》："或问先生：何不著书？对曰：六经注我！我注六经！"

诵记忆，然而，目标不仅是记住经典，而是要活在经典文本中。儒学不仅是一种政治理论，还是一种生活方式。

第二，孔子所说的"而立"，并不是指站定某种特定的意识形态，而是通过习礼来确定自己的地位并承担相应的责任。

第三，"不惑"的意义远不止是对信仰的肯定，它还意味着使自己的信念与行为协调一致。从怀疑中解脱意味着摆脱恐惧和忧虑，不再遭受精神上的冲突或悔恨，不再有"二心"。

第四，"知天命"很容易被误解。儒家伦理并非基于对一个人格化的神的意志的服从。相反，孔子似乎是说，我们的生活必须以某种方式符合作为一个整体的宇宙的秩序。对他来说，人类生活的戏剧必须符合更大的宇宙生活的戏剧，而整个宇宙生活的戏剧也许包括命运和祖先的神圣领域。

第五，"耳顺"让我们注意到美德的美学甚至其音乐层面。对道德大师而言，其所有行为举止都是由高雅的诗歌、戏剧及音乐本身所体现的和谐所塑造的。他的情感和仪态与最优秀的文化理想是如此"协调一致"，以至他的行为可以被称为"动态的诗歌"。

第六，通过一生的自我约束和自我修养，一个有道德的人可以追随他的任何欲望，而不用担心会做出任何不恰当的事情。他不再模仿任何外在的榜样，他自己已经成了榜样。他的自然或自发的欲望与真正的"仁"和"礼"是完全一致的。

儒家伦理中有两个道德典范：君子和圣人。孔子通常把君子作为人类道德的正确目标：君子是一位有修养的学者，致力于公共服务。但圣人要高于君子。孔子说他从来没有见过圣人，虽然他提到过他所钦佩的遥远过去的"圣王"。他经常否认自己是圣人，尽管后人为他冠以"至圣先师"的称号。很显然，圣人是孔子心目中最高的人格理想——尽管他认为，大多数人的目标应该仅仅是成为一位君子。君子显然是一种特定文化下的人格理想，是一种理想化的开明贵族；而圣人并不是处于任何社会等级中的人。在圣人理想这一点上，儒家伦理超越了特定社会秩序的偏见。

我们将会看到，亚里士多德也发展了同样的两种道德标准：他赞同大多数人的君子理想〔"大度者"（the 'great-souled man'）〕，但同时也把哲学家或圣人的普遍理想凌驾于君子之上。孔子和亚里士多德一样，在一定程度上表达了自己所处社会的传统理想，但他也创造了一种超越特定时代和地点的新的人格理想，为所有人提供了模范。尽管孔子有崇高的理想，但他对人性，尤其是对政治领袖的人性，却有着非常现实主义的认识——"吾未见好德如好色者也"[1]。

儒家政治思想与柏拉图或亚里士多德的政治理论一样，是其伦理学的一个分支，并不存在独立的政治伦理或"国家理性"可以纵容统治者违反一般性的道德。在儒家传统中，有五

---

1 《论语·子罕篇》。

种神圣的关系，每种都有自己的一套道德：父子、夫妻、兄弟、朋友、君臣。

　　除朋友之外，每一种关系都是等级关系，都要求权威与服从的美德。一个统治者的庄严职责是以身作则，这比任何法律或政策都重要得多："君子之德风，小人之德草，草上之风必偃。"[1]

　　我们对孔子关于公共事务的理想知之甚少，但《论语》中有一个著名的段落，指出了好政府应当具备的三个主要工具：武器装备、粮食储备和人民的信心。当被问及如果一个统治者放弃其中之一，那么应该放弃哪一样时，孔子说"放弃武器"，因为粮食是更重要的。但他接着说，即使是粮食，也不如人民的信心重要，因为只有人民的信心才是好政府唯一的真正基础。[2]据称，孔子支持对农民减税，以确保充足的粮食储备。尽管古代中国和文艺复兴时期的意大利一样，都发生过类似的政治动乱、武力冲突，但孔子和马基雅维利的做法却形成了鲜明的对比：孔子关注国内的政治，蔑视军事战争；而马基雅维利则建议君主们首先研究战争。

　　儒家思想最终成为中国近两千年来的官方意识形态，儒家文本成为中国所有针对公共服务的教育的基础。儒家的

---

1 《论语·颜渊篇》。

2 《论语·颜渊篇》："子贡问政，子曰：'足食，足兵，民信之矣。'子贡曰：'必不得已而去，于斯三者何先？'曰：'去兵。'子贡曰：'必不得已而去，于斯二者何先？'曰：'去食。自古皆有死，民无信不立。'"

"学""孝"理念，不仅是一种官方意识形态，还可以说是中国文化的根基。从这个意义上讲，在西方，除了耶稣之外，没有可与孔子比肩的人物。

同时，儒学本身通过与中国其他伦理和宗教思想，特别是通过与道家和佛教的接触，不断转变发展为"新儒学"（neo-Confucianism）。随着19世纪中国现代化进程的开启，许多改革者开始抨击儒家思想，称其为封建的、父权家长制的、僵化的、反科学的。但中国的文化、政治和社会仍然有着几千年儒家思想不可磨灭的印记。

孔子留给我们的遗产有哪些呢？最主要的可能是贤者治国和孝道的理想。如今，中国仍然由"贤能"统治，但与传统的文学和音乐教育不同，有抱负的中国官员与统治者现在更倾向于学习经济学和工程学。孔子本人对这些变化会有何看法呢？在长久的沉默之后，也许孔子会露出苍白的微笑，发出一声叹息。

2　柏拉图：剧作家

　　公元前399年，整个雅典城邦都在关注对苏格拉底的审判。这位赤脚的街头哲学家因向雅典的牧师、将军、学者、艺术家和律师提出棘手问题，问他们是否知道自己在说什么而声名狼藉。事实上，没有人能在绝顶聪明的苏格拉底面前捍卫自己的信仰。苏格拉底经常把对话者问得哑口无言，使他们羞愤不堪。由于大多数人，特别是知名人士，都不喜欢被人说成是傻瓜，所以他们用人类惯常的方式回应了苏格拉底式的"教导时刻"——通过密谋杀害苏格拉底。

　　尽管苏格拉底年迈、贫穷又奇丑无比，但他却吸引了许多年轻、富有、俊美的雅典人追随他，这些人喜欢看到他们的长辈被这位无畏的哲学家挖苦。柏拉图便是这群年轻追随者中的一员，他非常崇拜苏格拉底，奉其为道德德性和理智德性的典范。但当其尊敬的导师、朋友被雅典人民判处死刑时，柏拉图只能惊恐地看着。

　　在苏格拉底去世后，柏拉图通过写作，再现了苏格拉底生前的对话，以此来纪念他敬爱的导师。柏拉图写了30篇哲学对话，其中大部分以苏格拉底为主角。柏拉图知道用写作来再现苏格拉底式教学的风险，因为苏格拉底本人从未写过任何东西。事实上，苏格拉底甚至声称自己一无所知。他只是希望通过向人们提问，求得自己所否认的知识。苏格拉底称自己为"哲学家"（philosopher），意思是"爱智慧的人"，以区别于那些自称拥有知识并贩售知识的"智者"（sophist）。

为什么苏格拉底只通过对话的方式进行教学？为什么柏拉图只写对话录？也许苏格拉底和他的学生柏拉图一样，认为写作会冻结和扼杀思想，使之像书中的蝴蝶标本一样。但在苏格拉底式和柏拉图式的对话中，我们却可以看到鲜活的思想。苏格拉底和柏拉图对在言语命题中定义真理的可能性持怀疑态度；柏拉图经常暗示，真理最终只能由我们脑海中的眼睛看到，而非用言语说出来。历史上的苏格拉底以爱讽刺、爱开玩笑、半掩半露其观点而闻名，柏拉图也效仿了他的老师，这让今天的学者们对于苏格拉底所提出的观点是出自历史上的苏格拉底，还是出自柏拉图本人，意见不一。在本书中，我们将柏拉图所写的哲学对话中苏格拉底所表达的观点归于柏拉图自己。

柏拉图的哲学浮现于苏格拉底在哲学对话中的言辞与柏拉图所描述的戏剧化行动的关联之中，这在《申辩篇》（Apology）里柏拉图描述的对苏格拉底的审判中尤为明显。在审判期间，苏格拉底试图为自己辩护，使自己免受亵渎神明和腐化雅典青年的指控。他声称哲学对每个人都有好处，对整个城邦也有好处。他说，"未经审视的生活不值得过"，只有当雅典能从偏见和无知的沉睡中醒来时，它才会实现真正的繁荣。苏格拉底深信哲学对他深爱的雅典的重要性，以至在陪审团宣判他有罪后，他仍建议应对他进行奖赏而非惩罚。然而，陪审团最终判他死刑。

在柏拉图写下的哲学对话中，我们既看到了对苏格拉底的辩护，也看到了对哲学与政治融合的危险的警告。柏拉图认为，哲学可以将个人信仰和公共政策引向对真理的追求，因此哲学对个人和城邦是真正有益的。他认为，个人或城邦如果根据毫无理由的信念行事，那么他们会在幻想和无知的黑暗中跌倒。然而，与此同时，他对苏格拉底命运的描述揭示出，哲学也可能对政治体构成危险。政治，尤其是民主政治，必须建立在共同的信念之上，而这些信念的共同性往往比它们的真理性更为重要。我们希望公民对自己的民主信仰持怀疑和讽刺态度吗？还是希望，公民愿意为经不起哲学审视的信仰而献身？辩论能在政治中发挥作用，但民主政体不等于辩论社会；政治往往无法奢望充分的哲学思考，而是取决于未经反思的果断行动。柏拉图成功地捍卫了哲学和政治 —— 即使两者存在悲剧性的冲突。

伟大的政治哲学家能摆脱他们自己所处时代的偏见吗？答案是肯定的。我们看到孔子和亚里士多德创造了一种新的圣人理想，他们认为圣人比他们那个时代出身高贵的贵族更为优越。而柏拉图在《理想国》（*Republic*）第五卷中，创造了一个乌托邦式的愿景，即建立一个完全公正的社会，与他所处的雅典截然相反的社会。柏拉图描述了正义的政治共同体所必须经历的三波改革浪潮。第一波浪潮是男女事业机会平等。柏拉图建议，应该鼓励女性成为学者、运动员、军人和统治者——尽管在接下来的二十四个世纪里，女性在现实生活中并没有享受到这些机会。他意识到，这些激进的想法将遭到嘲笑和辱骂，因此我们在对话中看到这些情景是以非常戏剧化的形式表现的。第二波浪潮更令人吃惊：城市的统治者被禁止拥有财产，甚至不能拥有家庭，因为只有这样他们才能促进整个城邦的利益，而非促进他们自己的利益，保护他们自己的孩子。像士兵一样，统治者将只使用公共财产，他们的孩子将由公共托儿所的专业保姆共同抚养。最后的浪潮，也最令人震惊，柏拉图声称：政治生活的罪恶永远不会结束，除非统治者成为哲学家，哲学家成为统治者。[1] 与其他改革浪潮一样，柏拉图关于应该由哲学家实施统治的建议在对话中遭到了其他人的嘲笑。无论是过去还是现在，每个人都认为哲学家无望真的去实施统治。无论这三波改革浪潮多么不可思议，甚至可笑，柏拉图都明确表示，只有这样一个激进的计划才能保护哲学免受政治的影响，他所描绘的理想国是唯一一个不会杀死苏格拉底的政体。

　　在古代，这段对话有时被命名为《理想国》或《正义者》（*On the Just Person*），因为对话的主题是政治与伦理的关系，

1　"除非哲学家成为我们这些国家的国王，或者我们目前称之为国王和统治者的那些人物，能严肃认真地追求智慧，使政治权力与聪明才智合二为一……否则的话……对国家甚至我想对全人类都将祸害无穷，永无宁日。"《理想国》，商务印书馆，1986年版，第214—215页。

是正义的城邦与正义的人的关系。柏拉图坚持认为，除非我们先有正义的公民，否则不可能有一个正义的城邦；但同样，在拥有一个正义的城邦之前，不可能拥有正义的公民。如何打破这个循环？柏拉图坚持认为，必须把所有 10 岁以上的人从理想的城邦中驱逐出去，这样才能从头来过，正确地培养幼儿的灵魂和身体。他认为，让人在一个正义的城邦中长大是唯一的良好公民教育途径。柏拉图最后指出，正义主要是灵魂各部分之间的和谐。除非一个人首先在自己的灵魂中，在他的欲望和理性之间创造和谐，否则又怎么能希望他在一个社会中创造和谐呢？一个人必须首先将希望在社会中实现的正义实现于自身。

柏拉图意识到了他理想的城邦从未存在过，也将永远不会存在。但他坚持认为，理想国的理念存在于天堂，一个真正正义的人将成为这座天堂城邦的公民，并且只属于这座城邦。我们可能永远无法生活在一个真正正义的政治社会中，但是我们可以像一个真正正义的共同体那样来主导自己的生命，那就是培养内心的和谐、公正地对待遇到的每一个人。因此，柏拉图为我们提供了一种个人伦理美德的愿景，引导我们走出无法逃脱的政治腐败。

柏拉图在他后期的作品《政治家》(Statesman) 中发展了一种不同的方式来谈论政治理想。在《政治家》中，他指出自己在《理想国》中描述的统治者是通过他们的智慧，而非法律来统治城邦的。柏拉图将治理一个城邦比作治愈一个病人：我们是希望医生根据一些医疗规则手册来治疗我们，还是希望医生根据我们个人疾病的情况来制订我们的治疗方案？他认为，将通用规则应用于个体疾病是一种错误的医疗手段，同样地，将一般法律应用于特定案例也往往导致严重不公。然而，与此同时，如果我们怀疑医生有腐化行为，那么我们倒宁愿让他受医学通用规则的约束。

在《政治家》中，柏拉图将理想（最优）政体与"次优"政体进行了对比。在理想（最优）政体中，有道德的哲学家凭借不受约束的智慧进行统治；而"次优"政体则假定统治者的道德并不可靠，因此需要用法律来约束他们的行为。柏拉图指出，我们必须追求次优政体，以避免最坏政体的危险，而不是在理论上追求最优政体，然后在实践中满足于次优政体。自相矛盾的是，哲学家的统治就像暴君的统治一样，是一种不受法律约束的统治。次优政体也许不像哲学家统治那么完美，但至少避免了暴政的灾难。

处理哲学与政治关系的一个重要方面是，专业科学知识应该在民主政治中发挥何种作用。在几处对话中，柏拉图认为正义的、好的政府必须建立在对现实的真实认知之上。今天，我们仍在继续努力解决，在不放弃人民主权理想的前提下，如何使科学知识应用于公共政策的问题。例如，为了解决贸易争端，美国成立了一个名为联邦贸易委员会（Federal trade Commission）的经济学家委员会。那么为什么不能成立一个由职业伦理学家组成的"生死委员会"来裁决有关堕胎、安乐死和其他有争议的杀戮行为的分歧呢？与其让法官和陪审团解决纠纷，为什么不能让工程师来解决关于采矿安全的纠纷，让医生来解决关于医疗事故的纠纷呢？我们又是如何能够相信对采矿或医药一无所知的法官和陪审团的判断的呢？很明显，柏拉图意识到，即使是专家也会被腐化，所以他最终捍卫的是法治而不是专家的统治。

今天，在大多数行业，女性都有平等获得成功的机会，但许多女性发现很难充分利用这一机会，因为她们有抚养子女的责任。柏拉图预见到了这一困境，并认为如果不废除传统家庭，女性就不可能享有平等的机会。柏拉图认为，只有当女性从抚养孩子的责任中解放出来，才能在职场中获得与男性平等的机会。如果柏拉图看到现代在子宫外培育胎儿的技术，他会认为这项技术可以帮助女性从生育和抚养孩子的工作中最终解放出来。即便我们认为柏拉图的建议是荒谬的、不道德的，但这依然扩大了我们对可能性的想象。

作为一个哲学剧作家，柏拉图创作了一大批人物，他们提出了一系列惊人的观点。通过这种剧作方式，柏拉图为整个西方哲学史设定了议程，整个西方哲学史也被称为"柏拉图的一系列注脚"[1]。

1　"全部西方哲学传统都是对柏拉图的一系列注脚。"——怀特海

3 亚里士多德：生物学家

如果说苏格拉底最伟大的学生是柏拉图，那么柏拉图最伟大的学生便是亚里士多德。然而，与这两位杰出的前辈不同，亚里士多德并不是土生土长的雅典人，也不是雅典公民。尽管亚里士多德成年后的大部分时间都生活在雅典，其间在柏拉图学园（Plato school, the Academy）待了 20 年，但实际上他出生在希腊北部马其顿地区的斯塔吉拉镇（Stagira）。在离开柏拉图学园后，亚里士多德成为马其顿亚历山大大帝的老师，当时的亚历山大还是一个心性不定的青少年。回到雅典后，亚里士多德创办了自己的学校——吕克昂学园（Lyceum），并得到了年轻的亚历山大的资助。当亚历山大大帝的军队征服了已知的世界时，亚历山大把成千上万的动植物物种送到亚里士多德那里，供其进行研究。

亚历山大大帝死后，他的帝国随之崩溃，而与马其顿的诸多联系，令晚年亚里士多德颇受困扰。亚历山大大帝的帝国崩溃后，一股反马其顿的情绪席卷雅典，此时年迈的亚里士多德就成了雅典人攻击的显眼而脆弱的目标。亚里士多德决定逃离雅典，回到他母亲在尤伯亚岛（Euboea）上的家，因为他不允许"雅典人第二次对哲学犯罪"，这显然是在影射之前雅典对苏格拉底的处决。不久之后，亚里士多德在尤伯亚岛平静地去世了，这是另一位与民主雅典发生冲突的哲学家。

亚里士多德可谓世界历史上最博学的人，用但丁的话说，是"知者中的大师"（master of those who know）。他现存的30部作品涵盖了从气象学到心理学再到政治学的各个领域，直到17世纪，这些作品一直主导着西方高等教育。除了对此前人类已有的几乎每一学科分支都做出重大贡献外，亚里士多德还开拓了一些全新的知识领域，如生物学、形式逻辑和文学批评。我们将看到，在中世纪，柏拉图和亚里士多德著作的重新发现改变了基督教、犹太教和伊斯兰教。在哥白尼、笛卡尔、伽利略、牛顿推动下产生的现代天文学和物理学也源于对亚里士多德物理学的驳斥。

在16世纪拉斐尔的著名画作《雅典学院》中，柏拉图和亚里士多德是主要人物。画中的柏拉图指向了人类可理解的真理范围，而亚里士多德则指出了可见的世界。直到今天，柏拉图仍然是那些倾向于通过纯理论来寻求真理的人的拥护对象，比如形而上学家和数学家；而亚里士多德则激励着那些通过对事实的研究来寻求真理的人。柏拉图蔑视"多数人"的观点，他相信真理总是反直觉的；相反，亚里士多德则总是从普通人的观点开始他的研究，然后通过询问来提炼理论。因此，亚里士多德哲学一直被描述为"功能分化的常识"（organized common sense）。

柏拉图捍卫了所有政治观点中最反直觉的观点，即哲学家统治——政治充满了对立意见之间的冲突，柏拉图认为只有真正的哲学知识才能判断和解决这些意见之间的冲突。亚里士多德认同理性应该在政治中发挥重要作用，但他将公民的具体实践理性与哲学家的抽象理论理性区分开来。理论理性旨在回答"我能知道什么"，相比之下，实践理性则旨在回答"我该怎么办"。公民的实践理性需要通过理论理性知识来理解，但实践理性依赖于经验，不能归结为理论理性。政治家是实践智慧的典范，哲学家是理论智慧的典范。亚里士多德并不指望政治家成为哲学家，或者哲学家成为政治家。

因此，对亚里士多德来说，伦理学和政治学都是实践科学，都建立在做出选择的经验基础上。事实上，对他来说，政治学是伦理学的一个分支。亚里士多德在他的《尼各马可伦理学》（*Nicomachean Ethics*）中说，每一个决定、每一个选择都以追寻善的事物为目的。但是我们也注意到，很多选择的结果都是不好的。对此，亚里士多德澄清说，每一个选择都以追寻行动主体认为的善的事物为目的，只有精神错乱者才会选择他或她认为是邪恶的东西。然而，我们却经常会犯错误，选择一些看似为善，实则为恶的事物。我们追求的善是多样性的，但诸多善之间存在客观的价值等级：有些事物的善纯粹是工具性的，如金钱，我们追求它们只是为了追寻其他善；有些善，如知识或友谊，我们追求它们是为了自己内在的享受；最高的善则是幸福，每个人追求幸福，都是为了幸福本身，而不是出于别的目的。那么，什么是幸福呢？亚里士多德认为，幸福是人在道德德性和理智德性的活动中潜能的实现。幸福是人类的繁荣，而非快乐的感觉。

但是，我们不能独自实现我们在道德和理智上的卓越潜能，我们需要家庭、村庄、学校和城邦。亚里士多德在他的《政治学》（*Politics*）一书中说，每个社会都是为了某些善而产生的，而政治则是安排社会生活的艺术，以使每个公民都能获得道德德性和理智德性。然而，如果说亚里士多德的理想城邦是一件政治艺术品，那么它同时也是人性的产物。他提出，人天生就是政治动物——只有通过政治艺术才能实现人类的自然潜能。作为一名生物学家，亚里士多德当然意识到人类并不是唯一的社会性或政治性动物，他还提到了蜜蜂和蚂蚁。但他指出，在众多生物中，人类是最具政治性的动物，因为我们有理性言说的能力；虽然其他动物也可以表达快乐或痛苦，但只有人类可以探讨什么是善，什么是恶，什么是正义，什么是不义。

亚里士多德认为，理解政体的一种方式是分析其构成要素，即公民。亚里士多德认为，公民应该是一个时刻准备着主动且有能力为公共事务服务的人。公民既能被统治，也能实施统治。因此，在他看来，儿童和老年人并不是完全意义上的公民。对亚里士多德来说，政治意味着全体公民积极参与社会活动，进行协商、辩论、共同做出决定。他把政治社会定义为一群有共同人生目标的理性人的联合体，把城邦定义为一个相互促进的社会，在其中，公民们互相帮助，以实现自身道德和理智上的卓越。亚里士多德认为理想政治体的规模应该只有 1 万名公民，这个规模介于现在的教堂和大学之间。

亚里士多德不仅收集动植物并对其进行种属分类，而且还收集了 158 部古希腊城邦宪法并对其加以分类，因此他可以算作一位政治生物学家。他首先把政体分为正义的和不正义的。效仿柏拉图，亚里士多德将正义的政体定义为统治者以全体人民利益为目标的政体，将不正义的政体定义为统治者只以自身利益为目标的政体。他通过分析统治者可以是一个人、少数人或多数人来进行交叉分类。因此，一个正义的政体可以是君主政体、贵族政体（意思是"由最好的人统治"）或共和政体；当这些政权腐败时，我们就会得到暴君政体、寡头政体和民主政体。亚里士多德希望他的分类既是科学的，也是合乎道德的。他声称他的正义政体比不正义政体具有逻辑上的优先，因为我们只有在首先了解什么是健康和正义之后，才能了解什么是变态或腐败。他说，只有先知道什么是正义的君主，才能接下来知道什么是暴君。亚里士多德在《政治学》接下来的部分中指出，在很多情况下，定义一个政体的并非统治者的数量，而是统治者的阶级基础。因此，他将寡头政体定义为富人所有、富人所治和富人所享的政体，而民主政体则是穷人所有、穷人所治和穷人所享的政体。亚里士多德本人似乎更喜欢建立在中产阶级统治基础上的政体，他称之为共和政体；因为他认为中产阶级比富人或穷人更为温和、更少暴力。

亚里士多德是一位政治现实主义者，他认为几乎所有人都生活在一个腐败的政体中。对他来说，政治的目的是缓和糟糕的政府，使其不会变得更糟，如果可能的话，还要试着逐步使其变得更好。他没有试图将暴君政体转变为共和政体，而是建议将暴君政体转变为君主政体，将民主政体转变为共和政体。在他对暴君的建议中，亚里士多德阐述了与后来的马基雅维利相似的邪恶策略。但是，与马基雅维利不同，亚里士多德警告暴君不要诉诸武力和欺诈，因为这样的暴君很少善终。相反，他建议那些想要善终的暴君缓和他的暴力统治，并努力像一个好的君主一样行事。

亚里士多德的政治思想有时被现代人草率地摒弃，理由是他为一种理想化的自然奴隶做辩护，否认妇女成为公民的能力，并批评民主。但亚里士多德本人谴责基于征服和武力的奴隶制，即在古希腊和内战前美国所实行的那种奴隶制。此外，亚里士多德还在他的遗嘱中解放了他自己的奴隶；相比之下，托马斯·杰斐逊从未解放过他的奴隶，而从未拥有过奴隶的哲学家约翰·洛克则积极推动奴隶贸易。至于民主，亚里士多德对民主的讨论迫使我们反思我们所谓的民主所面临的一些困境。亚里士多德指出，民主政体委任政府官员的方式应该是抽签，选举这种方式实则属于贵族政体，因为选举旨在任命那些最优秀的人当选。正如一些当代政治学家所说的，如果我们认为民主应是由穷人统治的话，那么现在的美国看起来更像是寡头政体而非民主政体。的确，亚里士多德将公民身份限定在积极参与辩论、决策、战争和统治的成年自由男性范围内；我们现在则有更为广泛的民主概念，一国公民的身份也扩展到每一个出生在该国中的人。但亚里士多德的民主概念是更为实质性的，因为在亚里士多德的民主概念中，每个公民都必须在军队和其他部门服役。亚里士多德使我们看到我们在现代民主实践中得到了什么，失去了什么。

4　奥古斯丁：现实主义者

公元 410 年，罗马已不再是罗马帝国的首都；但即便如此，当野蛮的哥特人包围并洗劫了这座"永恒之城"（eternal city）时，还是对已经摇摇欲坠的罗马帝国形成了巨大的冲击，因为其精神和象征性的中心仍然是罗马。这是 619 年来外敌首次进入这座城市 —— 不久之后，"黑暗时代"（Dark Ages）便降临欧洲。

罗马的历史性失败促使受到创伤的罗马人对其原因和后果进行反思。尽管自伟大的君士坦丁大帝于公元 312 年皈依基督教以来，罗马的许多皇帝都是基督徒，但罗马依然有大量精英坚持着古老的异教信仰，他们将罗马的衰落归咎于基督教的崛起。毕竟，基督教崇尚温顺和谦逊；耶稣宣告人人平等，兄弟情谊；很多基督徒都是和平主义者和税收抵抗者。基督教的这些价值观怎能不损害罗马的军事德性和爱国主义情感呢？

真的是基督教导致了罗马帝国的灾难性崩溃，还是基督教只是被拿来当替罪羊？为了解决这些问题，奥古斯丁 —— 希波（今天的阿尔及利亚阿纳巴）的主教，早期基督教最重要和最有影响力的神学家之一 —— 开始书写他的杰作《上帝之城》（City of God）。作为出生在北非的罗马公民，奥古斯丁也悲痛于罗马帝国的崩溃。在罗马被洗劫后不久，他开始了《上帝之城》的写作，并在另一支哥特军队袭击并烧毁希波之前完成了这本书。

在《上帝之城》中，奥古斯丁提出了一系列论证来驳斥基督教应为罗马的崩溃负责的指控。例如，他指出罗马的著名哲学家西塞罗在基督诞生之前就已经描述过罗马共和国的腐败。此外，奥古斯丁说，每个基督徒都是两座城的公民，上帝之城和地上之城。这两座城都是由上帝建立的，这意味着基督徒既有宗教义务，也有公民责任来维护罗马帝国制度。毫无疑问，基督教和异教的爱国主义有着非常不同的形式。奥古斯丁对罗马历史学家的著作进行了广泛的评论，他认为罗马历史上伟大的政治家和将军都是追求荣耀、渴望统治、热爱财富且嗜血成性的。简而言之，这样看下来，异教徒的美德只不过是一种卓越的恶。而只有基督徒的行为才是出于更高尚的动机：对和平与正义的渴望。

奥古斯丁既是柏拉图主义者，又是柏拉图最深刻的批评者。在柏拉图的《理想国》中，苏格拉底承认他的理想城邦永远不会存在，但是天上有它的一种原型，只有正义的能生活在天堂之光中。因此，柏拉图也构建了自己的"双城"。奥古斯丁回忆自己年少时曾经从邻居的果园里偷过梨子。根据柏拉图的心理学，奥古斯丁犯下这一罪行一定是由于他的肉体欲望战胜了他的理性。然而，奥古斯丁回忆说，他和他的朋友甚至从未吃过他们偷回来的梨子。这一经历使他认识到，柏拉图关于身体是罪恶之源的观点是错误的。奥古斯丁在《圣经》的伊甸园故事中找到了理解自己年轻时犯错的关键。夏娃吃禁果并不是因为她饿了，而是因为她希望"像上帝一样"。邪恶源自一种精神的堕落，即骄傲。的确，精神上的堕落也会导致肉体欲望的堕落，就像强奸或暴饮暴食一样。而将邪恶归咎于我们的身体，就等同于是在责怪我们的造物主。奥古斯丁认识到，如果肉体不是罪恶之源，那么柏拉图希望通过严格的理性和哲学训练将他的哲人王从腐败中拯救出来的计划就是毫无希望的。因为柏拉图的统治者将和其他人一样，会受到骄傲等精神堕落的支配。

到这里我们就能理解，为何基督教理想主义者奥古斯丁，同时也会是一个政治现实主义者。基于他的观点，即人类的罪恶根深蒂固，无法被任何理性的人类规约所控制，因此我们不应该指望出现一个有德性的统治者。根据奥古斯丁的观点，政治并非产生于上帝所创造的人类的善良本性——伊甸园中就没有政治。相反，政治（包括战争、刑罚和奴役）是产生于控制人类罪恶的必要之恶。

奥古斯丁对人类政治的冷酷现实主义在他对亚历山大大帝和海盗的故事的评价中表现得很明显。亚历山大大帝作为一个强大舰队的指挥官，遇到了一艘海盗船。他问海盗："你为何要骚扰四海呢？"海盗回答说："那你又为何要劫掠天下呢？我在小船上做的事情不过就是你在世界上所做事情的缩小版。"

奥古斯丁非常欣赏这个海盗的回答："帝国无非就是大规模的海盗活动，海盗无非就是个小皇帝。"我们还可以从奥古斯丁对政治共同体经典定义的修改中看出他的政治现实主义取向。奥古斯丁引用西塞罗对共和国的定义，即人们通过对"正确"（right）的共同理解而团结在一起[1]。但由于没有一个异教政体真正理解何为正义，因此按照西塞罗的定义看来，从来就不曾存在过一个真正的共和国。奥古斯丁接着提出了一个更为现实的政体定义，即"一群理性的人对他们所爱之物达成一致"。然而，奥古斯丁对政体的定义可能过于现实，因为它不仅可以包括异教政体，甚至还把犯罪集团也包括在内了。

　　奥古斯丁的政治现实主义源于圣保罗致罗马人的信[2]，保罗在信中说，政府不是叫行善的惧怕，乃是叫作恶的惧怕，替神执行对做错事的人的惩罚。[3] 在这里，政府的任务显然不是培养道德德性和理智德性，而只是惩罚罪犯。奥古斯丁在《论自由意志》（On Free Will）中指出，美德取决于我们内在意识的内在品质：美德意味着要出于正确的理由做正确的事情。但属世的法律只能触及外在行为，而不能触及行为人的内在动机。

1　"国家乃人民之事业，而人民是许多人基于法的一致和利益的共同而结合起来的集合体。"——西塞罗

2　这里指的是《新约圣经》保罗书信中的《罗马书》。

3　原文为"作官的原不是叫行善的惧怕，乃是叫作恶的惧怕。你愿意不惧怕掌权的吗？你只要行善，就可得他的称赞。因为他是神的用人，是与你有益的。你若作恶，却当惧怕。因为他不是空空的佩剑。他是神的用人，是伸冤的，刑罚那作恶的。"出自"和合本"《新约圣经·罗马书》，第十三章。

因此，属世的法律只能规范外在的行为，只有上帝永恒的律法才能判断我们最深层的意识和动机的品质。属世的法律只能禁止犯罪（crime），永恒的律法则能禁止一切罪恶（sin）。因此，人类政体不应企图创造美德和正义，而应只以和平为目标，因为和平是每个人都在寻求之物。我们接下来看到，托马斯·霍布斯承袭了奥古斯丁的观点，认为确保和平是公民政府的最终目的。奥古斯丁认识到，真正的和平是"秩序的安宁"：每个人灵魂中的和谐和人民之间的正义。但是，属世的和平——仅仅是停止冲突——至少使得教会进行其建立真正的和平的工作得以可能。

在《上帝之城》一书中，奥古斯丁认为对自我的爱是地上之城的基础，对上帝的爱是上帝之城的基础；他还声称基督教会代表的是上帝之城，而异教帝国代表的则是地上之城。奥古斯丁同时明确指出，这种区分远非完美：基督教会之外也有上帝之城的子民，就像基督教会之中有地上之城的子民一样。奥古斯丁承认自己之前很向往一个基督教罗马帝国，在这个帝国中，人类的帝国之城可以被基督教化；但他已经对可能存在一个基督教帝国的想法不再抱有幻想。他的结论是，只有一个可能的基督教社会，那就是教会。基督徒必须学会生活在宗教多元化的政治体中，只要这些政治体能够尊重基督教教会的独立性。奥古斯丁的理想政体当然是由基督教政治家进行统治，但他仍然拒绝了基督教政体的理想。

要理解这位基督教神学家如何为世俗的政治概念奠定基础，我们可以通过《圣经》中关于小麦和杂草的故事来了解一二，这也是奥古斯丁政治思想的核心。一个农场工人告诉农场主，他的麦田里长出了杂草，"我要把杂草拔出来吗？"他问道。农场主说："不，让杂草和小麦一起生长；因为如果我们想拔除杂草，难免会损害麦子。我们可以到最后的收获季节，再把麦子和杂草分开。"

奥古斯丁认为这个故事意味着人类不能辨别谁属于上帝之城，谁属于地上之城，因为只有上帝能辨别我们内心爱的本质。因此，将基督徒和非基督徒分开的政治努力可能弊大于利。我们必须让小麦和杂草在宗教多元化的社会中一起生长，这样上帝就能在历史的尽头创造真正的上帝之城。然而，奥古斯丁本人并不总是尊重这种宗教宽容的原则；臭名昭著的是，他虽不情愿但最终允许了罗马当局对北非异教徒进行法律和政治胁迫，从而为中世纪和近代早期欧洲更令人发指的宗教迫害开创了一个危险的先例。

奥古斯丁坚持认为，基督徒是可以成为好公民的，因为他们有服从正义政府的宗教责任。基督徒不会像异教徒那样有追求个人荣誉的欲望，他们选择追求共同的善。但奥古斯丁的基督教理想确实可能会破坏人们对一些公民核心美德的忠诚信仰。例如，奥古斯丁曾说道："鉴于人类生命的跨度如此短暂，那么只要政治体不强迫我们去盲目信仰什么，我们生活在何种政治体下又有什么关系呢?"这对于美国共和党和民主党的拥护者来说,当然关系重大。如果建立美国的爱国者们认同了奥古斯丁的观点,那么美国可能仍然会保持其英国殖民地的身份。

奥古斯丁还谈到战争:"那些被杀害的人是我们的同胞还是敌人又有什么关系呢? 总归是人类在流血。"对爱国主义者来说,这关系重大。如果听从了奥古斯丁的建议,那么我们不仅要为我方死去的士兵建立纪念碑,还应该为那些作为我们敌人死去的士兵建立纪念碑。毫无疑问,从上帝之城的角度来看,政治体的差异是微不足道的,所有的战争都是人类的内战;但是,从地上之城的角度来看,公民美德需要的是更狭隘意义上的忠诚。

尽管如此,奥古斯丁对政治的"降格"——之前被广泛认为是人类最高的善的政治,现在被视为仅仅是一种必要的恶——继续影响着我们现代的政治态度。当托马斯·杰斐逊说"政府管得越少,管得就越好",当詹姆斯·麦迪逊说"如果人人都是天使,就不需要任何政府了"时,我们就听到了奥古斯丁的声音。

中世纪

5 阿尔·法拉比：伊玛目

在庇护了阿尔·法拉比几年之后，阿勒颇的穆斯林国王逐渐对他失去了耐心。众所周知，无论在何时何地，阿尔·法拉比总会穿着他那褐色的斗篷，发表一些煽动性言论，比如"有德性的人在这个世界上是不幸的陌生人，死亡对他来说比生命更美好"。就这样，国王觉得阿尔·法拉比是个非常无趣的人。

现在回过来看，我们很容易就能发现，阿尔·法拉比糟糕的社交技巧、奇怪的着装以及禁欲主义，正是他作为哲学家的真正标志。阿尔·法拉比对经济利益或政治权力没有任何兴趣，生活非常低调，以至除了他的著作之外，人们对他几乎一无所知。正是这些品质确保了他作为一个思想家的自由和独立。虽然我们认为伊玛目是伊斯兰教的神职人员，但阿尔·法拉比宣称，只有哲学家才是唯一真正的伊玛目。

法拉比于 870 年出生在今天的哈萨克斯坦法拉布附近，成长于大马士革，之后在巴格达生活了几十年，80 岁时死于阿勒颇。今天，他被尊为最伟大的穆斯林哲学家，被后来中世纪的基督教、犹太教和穆斯林哲学家尊为"第二导师"（Second Master，仅次于亚里士多德）。但他也被中世纪著名的伊斯兰教神学家安萨里（Al-Ghazali）谴责为异教徒。法拉比虽然举止低调，却深受激进思想的影响；他甚至试图将古希腊哲人王的理想引入全然不同的伊斯兰政体语境。

　　哲学总是受到宗教信仰的威胁：苏格拉底被处死的部分原因就是所谓的不敬神。随着亚伯拉罕宗教[1]的兴起，宗教对哲学的威胁进一步扩大。所有这些宗教都声称存在一个独立于哲学的神启真理，也就是说真理包含在《圣经》或《古兰经》中，既然如此，我们还有什么必要去向哲学家求教呢？

　　我们发现，所有亚伯拉罕信仰的宗教原教旨主义者都坚信自己宗教的唯一圣典。那些异教徒哲学家所持有的不过是凡人的不可靠的意见，怎能与上帝所启示的话语相比呢？与此同时，在亚伯拉罕宗教信众中还有一些理性主义者，他们相信只有哲学才能可靠地把我们引向真理；他们怀疑圣典中神话传说的真实性。而法拉比本人既不是原教旨主义者，也不是持怀疑态度的理性主义者。

　　是否有可能从中立的角度来比较哲学和宗教的观点呢？是否必须要用哲学的理性来评估宗教的主张，或用宗教的信仰来评估哲学的主张呢？有些中世纪哲学家首先认可圣典的真理性，然后试图看哲学家的观点能否与圣典的真理相协调；另外一些哲学家则认为应首先认可理性，然后从理性的角度来评价圣典。毫无疑问，阿尔·法拉比首先将哲学视为判断一切真理的标准，并依此设计了各种论证来证明真主对先知穆罕默德的

1　指犹太教、基督教和伊斯兰教。

启示与哲学真理的标准是相符的。

　　阿尔·法拉比试图在宗教原教旨主义和持怀疑态度的理性主义之间找到一条中间道路：他既尊重《古兰经》的神启智慧，又尊重古希腊哲学的理性智慧，其立场可以称为"伊斯兰人文主义"（Islamic humanism）。正因为这种中间立场，阿尔·法拉比同时受到了来自伊斯兰主义者和人文主义者的攻击。那么阿尔·法拉比是如何调和伊斯兰教和哲学的呢？他将穆罕默德当作一位哲学家看待，将"神圣的柏拉图"（the divine Plato）的著作当作《古兰经》看待；也就是说，他认为穆罕默德是理解其预言的哲学基础的，同时也认为柏拉图的著作必须像《古兰经》一样被逐句解读。当然，在修辞上，柏拉图的对话录与《古兰经》截然不同；但这些修辞差异可能更多反映的是柏拉图和穆罕默德的受众不同，而非其观点不同；毕竟，柏拉图确实写过"上帝，而非人，是万物的尺度"。或许，柏拉图正是讲着古希腊语的穆罕默德？

　　虽然正如我们所指出的那样，亚里士多德拒绝了柏拉图哲学的核心内容（包括他的政治哲学），但在亚里士多德去世后，新柏拉图主义者致力于调和柏拉图和亚里士多德的思想。同样地，阿尔·法拉比作为伊斯兰新柏拉图主义的创始人，也毕生致力于推动这一整合。虽然他被尊为"第二个亚里士多德"，但他的《政治制度》（Political）一书体现的哲学更偏向于柏拉图式，而非亚里士多德式。事实上，亚里士多德的伟大著作《政治学》直到现代才被翻译成阿拉伯语；因此虽然阿尔·法拉比肯定知道该书，但他自己的著作并没有直接借鉴亚里士多德的《政治学》。阿尔·法拉比的政治柏拉图主义对此后的伊斯兰政治哲学产生了决定性的影响。

正如我们所看到的，柏拉图和亚里士多德在哲学知识与政治的关系问题上存在分歧。亚里士多德将哲学家的理论智慧与政治家的实践智慧进行了对比，坚持认为对于一个好的统治者来说，实践智慧而非理论智慧才是必不可少的。他并不指望哲学家进行统治，或者是政治家成为哲学家。

与之相反，柏拉图并没有明确区分理论智慧和实践智慧。根据柏拉图的观点，政治生活中的罪恶在理论智慧的大师（哲学家）统治之前是不会停止的。当然，他也认识到了实践经验在政治中的重要性，因此他坚持认为，他的哲人王在执政之前就已经获得了这种实践经验。

阿尔·法拉比坚定地站在柏拉图一方。他坚持认为，政治共同体的理想统治者必须具备理论和实践的智慧，哲人王必须掌握几何学、物理学、天文学、音乐、形而上学和逻辑学。阿尔·法拉比认为，除非依靠关于宇宙本质和人类在其中的位置的可证明的真理，否则关于人类事务的实践智慧是不可能的。他的道德和政治理论围绕着一套关于宇宙、灵魂、身体和政体结构的详细类比展开。他说，政治等级制度必须反映出我们在宇宙和人类灵魂中发现的等级秩序。例如，真主统治宇宙，因此哲学家统治政体；理性支配人的身体，因此哲学支配社会。与柏拉图和亚里士多德一样，阿尔·法拉比肯定了人类之间的自然不平等：有些人一出生就注定要成为统治者，而有些人则注定要成为奴隶。

与柏拉图一样，法拉比也意识到，每一个现实的政体都远远地落后于理想政体。的确，哲学家们什么时候曾实行过统治呢？他细致地对所有无知、邪恶、错误和叛变的政体进行了分类，这些政体的统治者不是追求真理，而是追求财富、荣誉、征服或享乐。尽管如此，阿尔·法拉比坚持认为，在努力改革政府的过程中，我们必须要确保政策是有哲学依据的：如果统治者本身不是哲学家，那他至少应该听取哲学家的意见。

阿尔·法拉比伟大的政治才华是认识到哲学家不能独自进行统治。哲学家与普通人的共同点太少，这使他们无法成为实际的统治者。哲学必须利用宗教、法律、修辞、文学和音乐，以便根据真理的要求来塑造人民的举止。大多数人是无法掌握抽象概念或逻辑论证的，他们需要通过视觉图像或口头故事的形式来接近真理。神学家、法学家、艺术家、作家和音乐家都以各自的方式为人们获得哲学真理服务。像柏拉图一样，阿尔·法拉比呼吁诗人们用赏心悦目的修辞来装饰哲学真理。

通过捍卫柏拉图的哲人王观念，阿尔·法拉比对先知的权威提出了真正的挑战。在经典著述中，摩西、耶稣和穆罕默德被描述为神所指派的各自民族的统治者。虽然这些先知都是有实践智慧的人，都有管理人类事务的经验，但没有一个人能被称为哲学家。如果所有真正的政治权威都需要建立在哲学之上，那么阿尔·法拉比如何解释这些先知的权威呢？

19世纪的德国哲学家弗里德里希·尼采将基督教贬称为一种愚蠢的"大众的柏拉图主义"（Platonism for the masses）；而阿尔·法拉比赞扬伊斯兰教为普通大众带来了柏拉图式的真理。在阿尔·法拉比看来，真正的先知是那种通过完善自身的理性能力和道德能力以接近神性的人。为了奖励先知的智慧美德，真主向其揭示了一切的哲学知识。普通的哲学家必须通过艰苦的探究和辩论来获得智慧，而先知的哲学智慧则是由真主直接传授的。因此，先知在《古兰经》中所写的，就是真主所启示的哲学原则的具体例证。《古兰经》要用来指导人类的行为，那么它就必须是普通人能够理解的，而对普通人来说，他们只能理解故事和诫命。但从逻辑上来说，这些故事和诫命都是建立在先知经由真主的传授而掌握的哲学真理的基础上的。

因为《古兰经》及其宗教戒律隐含着先知的哲学知识，所以必须由哲学家来对《古兰经》进行解释，并负责将《古兰经》运用到人类事务之中。在此，我们就理解了为何阿尔·法拉比说只有哲学家才是真正的伊玛目：所有的宗教真理都建立在抽象的原则之上，而只有真正的先知，及其继任者——哲学家——才能理解这些原则。

除了将柏拉图对哲人王的理想应用于亚伯拉罕宗教中的

先知统治者之外，阿尔·法拉比还将柏拉图式和亚里士多德式的良善城邦理想应用于中世纪的宏大帝国。柏拉图和亚里士多德的理想政体都是小的公民共同体，公民通过对道德德性和理智德性的共同愿景而团结在一起。根据古希腊人的说法，一个致力于公民共同教育的政体必须非常小——规模在 5000 到 10000 名公民之间。阿尔·法拉比是第一个提出可以将这种理想政体扩展到整个民族国家，甚至是一个多民族帝国的政治哲学家。事实上，他开创了将民族国家作为政治生活基础的理念：民族的团结统一是否建立在共同的语言、种族、宗教、文学或音乐的基础之上？在伊斯兰教思想中，"民族"（nation）既指一个特定的种族和文化群体，也指"伊斯兰国家"（the nation of Islam）。阿尔·法拉比已经见证了一个统一的伊斯兰帝国梦想的破灭，但他依然支持多民族帝国的理念，并认为它具有发展出良善政治的潜力。

亚里士多德在他的《政治学》中指出，民族国家和帝国都太大、太多样化，因此无法成为美德共同体。一个教化政体必须拥有共同的语言、宗教、文学、学校和文化。亚里士多德致力于探究公民如何在没有机会既是统治者又是被统治者的情况下获得公民美德。亚里士多德的结论是，政体规模很重要：民族国家与帝国注定会陷入堕落和专制。然而，阿尔·法拉比以其卓越的实践洞察力，分析了一个统治者是如何可能在统治多个拥有不同的语言、宗教习俗和文学的民族的情况下，依然建立起一个道德帝国的。

阿尔·法拉比留给今天的遗产是什么呢？如果他的目标是在伊斯兰学派中使哲学研究受人尊敬，那么他肯定是成功的——至少在中世纪时期是这样。如果他的目标是让哲学成为伊斯兰宗教和政治的核心，那他可能就没有那么成功了。因为伊斯兰教和犹太教一样，本质是一种律法宗教，其最高权威一直是律法家。在伊斯兰教中，科学之王是法学，而不是神学或哲学。

部分由于阿尔·法拉比的原因，中世纪的伊斯兰政治哲学是柏拉图式的，而不是亚里士多德式的。这有什么深远影响呢？我们可以看出，无论亚里士多德自己的理想是什么，但他的《政治学》的确包含了许多主张人民民主统治的论点。另外，也因为没有阿拉伯语版本的亚里士多德《政治学》一书，亚里士多德的论点从未进入中世纪伊斯兰哲学家的争论之中——事实上，直到19世纪，在伊斯兰世界中，支持民选政府的论点都非常罕见。也许这有助于解释今天整个伊斯兰世界民主体制所面临的挑战。

事物越是变化，就越是保持不变。就像今天的伊斯兰教一样，中世纪的伊斯兰教也分为原教旨主义者和理性主义怀疑论者。20世纪的世俗人文主义者相信，宗教很快就会随着无知和贫穷的消失而消失。但实际上，宗教并不会很快就消失。阿尔·法拉比开创了一条介于宗教原教旨主义和世俗人文主义之间的中间道路。他的伊斯兰教人文主义为后来摩西·迈蒙尼德的犹太教人文主义和托马斯·阿奎那的基督教人文主义奠定了基础。这些哲学家以不同的方式共同指出，宗教必须在理性的基础上进行改革，理性必须注入宗教之光。自中世纪以来，我们经历了大量来自宗教原教旨主义者、世俗的法西斯主义者的政治暴力。阿尔·法拉比、迈蒙尼德和阿奎那都认为，宗教人文主义能够为温和、正派的政治提供最好的基础。历史至今尚未证明他们的主张有误。

6 迈蒙尼德：立法者

12世纪60年代初，住在摩洛哥非斯的犹太教拉比摩西·迈蒙尼德正面临一个可怕的困境。西班牙南部和北非马格里布新的狂热的阿尔莫哈德统治者要求所有基督徒和犹太人要么改宗伊斯兰教，要么死亡。据当时一位历史学家的说法，迈蒙尼德选择了假装改宗伊斯兰教，他背诵穆斯林祈祷文，研究《古兰经》，甚至还去过清真寺。在安全抵达包容犹太教的开罗之后，拉比迈蒙尼德给他仍在马格里布遭受迫害的犹太弟兄们写了一封忠告信。一些犹太人选择殉道，而不是背叛他们的信仰；但还有许多人，无论是否虔诚，最终皈依了伊斯兰教。迈蒙尼德同情地指出，虽然有时殉道令人钦佩，但并不是必须的。他坚信，一个人可以在不违背犹太信仰的情况下，满足伊斯兰法律的要求。尽管如此，他也坚持认为，即使在"皈依"伊斯兰教之后，犹太人也必须离开他们的家园，前往一个可以包容犹太教的地方。上帝不会抛弃犹太人。没有人能指摘迈蒙尼德的言辞虚伪，因为他的言行是完全一致的。

拥有着与《圣经·旧约》中第一位伟大的犹太立法者同样名字的摩西·迈蒙尼德，当今被认为是最伟大的犹太哲学家和法学家。但他的雄心远不止于此：他试图用自己所立的法典来废除和取代整个犹太法律传统，并以此成为第二个摩西。鉴于他的这种野心，欧洲的犹太传统主义者禁止他写作，甚至烧毁了他写作的书籍。

迈蒙尼德于1138年出生于西班牙的科尔多瓦——当时欧洲最大、最富有的城市，也是伊斯兰教和犹太教的学习中心。经过穆斯林两个世纪开明宽容的统治，那里已经成为一座可以供犹太人、基督徒与穆斯林进行学术和艺术交流的圣地。作为一位著名学者之子，迈蒙尼德打小就很快地学习、吸收了犹太律法和伊斯兰哲学。但在他10岁时，新的阿尔莫哈德统治者到来，宣布镇压基督教和犹太教，迈蒙尼德的西班牙乌托邦被摧毁了。在接下来的18年里，他的家人从安达卢西亚境内的一座城市逃到另一座城市，然后又从北非的一个国家逃到另一个国家，最后在开罗定居下来。在那里，最初开始陪同迈蒙尼德研究《律法书》的父亲去世了。离开科尔多瓦后，迈蒙尼德再也没有融入知识分子共同体。即使在开罗幸福生活了30年之久——他后来担任苏丹萨拉丁的宫廷医生——迈蒙尼德仍然称自己为西班牙人。

令人惊讶的不是犹太政治哲学家很少，而是竟然还存在犹太政治哲学家。毕竟，政治哲学是一门关于执政艺术的实践研究，而在历史的大部分时间里，犹太人一直是由异族统治的无国籍人民。因此，大多数犹太人对政治的思考都是关于犹太人的内部政治：如何在非犹太政体中维持犹太人社群，以及如何在这些政体中培养犹太民族认同感。犹太人可能没有自己的政治共同体，但他们却有自己的法律、法庭和权威。

　　在这个意义上，迈蒙尼德是一位典型的犹太政治领袖。抵达开罗后不久，他就被任命为埃及整个犹太群体的领袖，不仅负责管理犹太人的生活，还负责与其他犹太群体保持密切联系，特别是在黎凡特地区。诚然，迈蒙尼德并未行使过完全的政治主权：他从未指挥过陆军或海军，也从未统治过一个国家。但他征收税赋、组织救济穷人、改革宗教仪式，并担任上诉法院院长，不仅负责解决埃及境内的争端，而且还负责解决黎凡特地区犹太人的争端。虽然迈蒙尼德只任职了几年，但他比大多数重要的哲学家都获得了更多的政治经验。

　　就像在他之前的阿尔·法拉比和在他之后的托马斯·阿奎那一样，迈蒙尼德也试图在宗教原教旨主义和理性怀疑主义之间找到一条中间道路。他是从穆斯林阿尔·法拉比的新柏拉图主义过渡到基督徒托马斯·阿奎那的新亚里士多德主义之间的桥梁。有种说法是迈蒙尼德的心在耶路撒冷（信仰的故乡），而他的头脑在雅典（哲学的故乡）；实际上，他既被指控利用亚里士多德来破坏犹太教，又被指控利用犹太教来破坏亚里士多德。学者们无法就迈蒙尼德究竟忠诚于哪一方的问题达成一致，但是迈蒙尼德本人并不认为两者之间存在深层次的冲突：他坚持认为犹太教已经隐含了亚里士多德的思想，而亚里士多德的思想也隐含了犹太教的内容。毕竟，亚里士多德认为人类卓越的顶峰是对上帝的理智之爱，而迈蒙尼德认为，这也恰好是犹太律法的精髓。

继奥古斯丁之后，启阿奎那之先，迈蒙尼德坚持认为圣经的信仰本质上是要寻求理性的理解的。对上帝的信仰倾向于挑起诸如"谁是上帝？""如果上帝真的如此善良，那么又为什么会存在这么多的邪恶？"之类的哲学问题。圣经的信仰总是引起这种批判性的自我反思。希伯来先知们已然是准哲学家，他们遵从圣经的戒律，同时又承诺履行严厉地批评与分析圣经的职责。犹太人对待圣经戒律的一贯传统，都是努力揭示特定圣经文本中所体现的一般道德原则。因此，迈蒙尼德否认古希腊哲学与犹太传统有截然的不同。

信仰寻求理解，在迈蒙尼德看来，人类理解的顶峰是亚里士多德。亚里士多德坚持认为上帝是纯粹的思想，它不可见，也没有情感。迈蒙尼德认为，《旧约》中的上帝也是如此，他谴责所有对神的可见的描述，认为那都是低级的偶像崇拜。但是，如果《旧约》中的上帝是纯粹的思想，那么为什么《旧约》经常用人类的语言来描述上帝，说他有"右臂"和"宝座"，并充满"愤怒"呢？迈蒙尼德认为，这是因为大多数人缺乏理解无形的神圣现实的智力，所以他们只能用人类的语言来想象上帝。像亚里士多德一样，迈蒙尼德坚持认为美德即是对它自身的奖赏，罪恶是对它自身的惩罚。但迈蒙尼德认为，大多数人不会主动去寻求美德或避免罪恶，除非他们害怕来自上帝的愤怒——即使上帝实际上是没有情感的。在大多数人看来，迈蒙尼德并不是一个幽默的人，但他确实指出："如果我们认为上帝有愤怒的情感，那么我们就会认为有将上帝惹怒的风险！"

一些学者认为，迈蒙尼德在解释犹太律法时是完全犹太式的，而当其研究哲学时又完全是亚里士多德式的。但实际上，我们可以很容易看出，迈蒙尼德在法学中体现出来的是亚里士多德式思考，在哲学中体现出来的是犹太式思考。亚里士多德认为，有些法律是自然的，也就是说，是符合普遍理性的，比如"孝敬父母"或"偿还债务"；其他的法律则仅仅是出自习俗，因此不同政体下有不同的出自习俗的法律，比如关于应拿什么动物供奉神的规定。迈蒙尼德用亚里士多德的这些观点来解析摩西律法。他说，在摩西律法中有一些律法是出于自然的或理性的（比如禁止杀戮和偷盗），而另一些律法则是纯粹的习俗法，比如那些规定应献祭什么动物、献祭多少动物的律法。亚里士多德认为，自然法的理性目的对于每个人来说都是自明的，但不是每个人都能理解习俗法的理性目的。迈蒙尼德对此表示赞同。他坚持认为，我们能够理解某些圣经律法的理性目的，比如禁止杀戮和偷盗，但有些圣经律法在我们看来却始终是不可理喻的，比如禁止将牛奶和肉、亚麻和羊毛混合在一起。简而言之，我们遵守出于自然的圣经律法是因为理性（以及上帝）需要它，而我们遵守出于习俗的圣经律法只是因为上帝需要它。根据迈蒙尼德的说法，亚里士多德哲学被证明是极好的犹太律法指南。

迈蒙尼德不仅用亚里士多德来修正传统犹太教，他还用犹太教信仰来修正亚里士多德。根据亚里士多德的观点，所有真正的美德都是介于过度与不及之间的一种中道。例如，亚里士多德认为，自尊的美德是介于傲慢（过度的自尊）和自卑（不充分的自尊）之间的中道。但是迈蒙尼德坚持认为，根据《旧约》的说法，人再谦卑也不为过，因为任何程度的骄傲都是对上帝的否认。《旧约》在某种意义上"纠正"了亚里士多德，即有些美德要求的不是中道，而是极端。最具争议的是，迈蒙尼德驳斥了亚里士多德关于世界是永恒的观点，坚持认为单靠理性是无法证明世界是永恒的还是被创造的。在以上及更多的方面，迈蒙尼德都利用圣经的信仰之光来修正哲学家们的论点，就像他用哲学来修正圣经信仰一样。

首先是亚里士多德将哲学家的理智完善与政治家的德行完善区分了开来。接下来阿尔·法拉比又指出真正的先知实际上已经实现了理智和德行的完善，这使得先知高于哲学家、政治家。此外，阿尔·法拉比提出，先知还将哲学家的理智完善与诗人的想象力完善结合了起来，因为先知必须能够用生动的修辞来修饰抽象的真理，从而触动所有人。迈蒙尼德则进一步拓展了阿尔·法拉比的先知理论，也区分了理智完善和想象力完善。他认为单纯的理智完善造就的是哲学家，单纯想象力的完善造就的是政治家；而唯有先知是将哲学家的理智完善与政治家的想象力完善结合起来的。换句话说，只有先知才有资格成为哲人王——这使得先知摩西成为真正的柏拉图式统治者。和阿尔·法拉比一样，迈蒙尼德认为，先知并不是上帝随意赐予的神奇力量，而是个人通过完善自己的理智德性和道德德性，才使得自己成为神圣之人。如果上帝否认这样一种人的神圣启示，那才是真的奇迹。尽管法拉比把穆罕默德比作摩西，把耶稣比作真正的先知，但迈蒙尼德仍坚持认为只有摩西才是最高的先知和立法者。

几个世纪以来，关于摩西律法的评论被汇编成《塔木德》（*Talmud*）一书，其中记述了拉比关于如何将律法运用于具体案例的相关辩论、投票与决定。迈蒙尼德大胆地（或者说傲慢地）试图将这一庞大的、杂乱无章的法律材料按照一般原则系统化，形成一个逻辑严密的分类。从来没有人曾试图将整个犹太律法系统化。能与迈蒙尼德的 14 卷著作《密西拿托拉》（*Mishnah Torah*）相比较的，只能是查士丁尼皇帝编纂的古罗马法或拿破仑编纂的现代法国法，而这些壮举都是在几十位法学家的共同努力下完成的。

查士丁尼和拿破仑法典的正式颁布，都是旨在废除和取代所有以前的立法、司法决定和评注，但迈蒙尼德并没有将新法典强加于犹太社群的政治权威。因此，他编纂的著作本身只是对犹太律法的摘要和逻辑总结。但是，当时与现在的许多犹太法学家都猜测迈蒙尼德的新法典就是旨在废除和取代整个犹太法典传统——由此使迈蒙尼德成为新的摩西，第二位伟大的犹太立法者。事实上，迈蒙尼德法典的名字，"密西拿托拉"，本身就有重复［摩西］之律法之意。

政治学家马基雅维利将一个政体的创建者与其后来的改革者进行对比，他称后者为"重建者"（re-founders）。在美国历史上，我们可以用这一区分来对比美国的"国父"与亚伯拉罕·林肯。林肯根据种族平等和强国家政府的原则，对美国进行了彻底的改革和"重建"。根据马基雅维利的观点，重建者对政体的改革就是让一个政体回归到其建立时的最初原则，正如林肯所宣称的那样，他要将美国回归"人人生而平等"的原则。

同样地，如果说摩西是古以色列政治共同体的创建者，那么摩西·迈蒙尼德就渴望成为它的重建者。正如摩西猛烈地镇压以色列人的偶像崇拜（崇拜金牛犊）一样，摩西·迈蒙尼德也猛烈地谴责对被赋予人类形象的上帝的偶像崇拜。《旧约》中的摩西试图用新的法典来净化以色列人的宗教信仰，摩西·迈蒙尼德也是这么做的。虽然迈蒙尼德无法废除犹太法典的传统，但他的法典却永久性地改变了犹太律法的解释和运用方式；虽然迈蒙尼德没能净化犹太人对其圣经图像的虔诚，但他却为对圣经宗教的激进哲学批判和对哲学的激进圣经宗教批判敞开了大门。

今天，以色列意识到了国家内部世俗人文主义者和宗教原

教旨主义者之间，以及只在科学和哲学中寻求真理的人与只在
圣经律法中寻求真理的人之间存在着深刻的分歧。作为一位受
人尊敬的犹太拉比，同时也是一位伟大的哲学家，迈蒙尼德
采取了通过自然理性之光和神启之光的双重方式寻求真理的
方法。此外，以色列也意识到本国与伊斯兰邻国正陷入冲突
之中。作为一位用阿拉伯语撰写哲学著作的犹太思想家，迈
蒙尼德在犹太人和穆斯林之间架起了桥梁。他的著作是跨越
传统和信仰的相互尊重的对话，这为解决最棘手的冲突提供
了希望。

7 托马斯·阿奎那：布道者

1244 年，19 岁的托马斯·阿奎那决定在刚成立不久的多明我会中接受圣职。他在那不勒斯的老师与同窗都对他的这一决定感到震惊，他们不敢相信这样一个年轻的贵族竟然会选择去过贫穷修道士的生活。多明我创立了自己的修会，以宣扬福音，打击异端邪说；因此，在 13 世纪，可以说多明我会是当时最前沿知识的掌握者。阿奎那的母亲反对他的选择，认为他的职责应该是担任大庄园的贵族领主。阿奎那的兄弟们是为神圣罗马帝国皇帝服务的骑士，他们绑架了阿奎那，把他囚禁在罗卡塞卡的家族城堡里将近两年，试图迫使他改变主意。他们甚至派年轻女子到他的牢房里来考验他的贞操。从各方面来看，年轻的阿奎那对他的宗教事业的忠诚是不可动摇的，最终他的家人不得不妥协。

阿奎那在被软禁期间阅读了哲学和神学书籍，之后又继续在巴黎和科隆接受正规教育。后来，作为一位杰出的神学家和哲学家，他成为法国国王路易九世与几位教皇的心腹和顾问。阿奎那在他的哲学巨著《神学大全》（*Summa Theologiae*）中提出，父母对孩子只拥有有限的权威，父母无权否决其成年子女做出的关于结婚或加入何种宗教的决定。

中世纪通常被称为"权威时代"（age of authority），但更准确地说，应该是"权威们的时代"，因为有几个相互竞争的权威来源。13世纪两个主要的知识权威源于雅典和耶路撒冷。以雅典为起源，中世纪欧洲从古希腊继承了柏拉图与亚里士多德的哲学和科学；以古以色列为起源，欧洲继承了圣经宗教的遗产，尤其是基督教。事实上，亚里士多德的著作，连同大量的犹太和伊斯兰注释，在12世纪才出现在西欧世界。当年轻的阿奎那去科隆与亚里士多德派的先驱科学家、哲学家大阿尔伯特（Albert the Great）一起学习时，他开始了自己的毕生志业，即努力将亚里士多德的科学和哲学与圣经宗教的主张结合起来。因此，确切来说，西方文明是希伯来文明和希腊文明的复合体。中世纪时期，无论是在犹太教、伊斯兰教还是基督教，其内部都面临着非常激烈的雅典哲学与亚伯拉罕信仰之间的争论。阿奎那跟随阿尔·法拉比和迈蒙尼德的脚步，认为上帝是人类理性和启示的创造者。因此，我们以科学的方法从"自然之书"中学到的东西，原则上不能与我们通过信仰的方法从《圣经》中学到的东西相矛盾。如果我们觉得科学的教导与《圣经》的教导出现了矛盾，那么我们一定是要么误解了科学的主张，要么误解了《圣经》的主张。阿奎那一生都致力于论证亚里士多德所发现的真理与《圣经》中的真理的一致性。他努力调和雅典传统和耶路撒冷传统，最终创造了在世俗人文主义和宗教原教旨主义之外的第三条道路，即"基督教人文主义"（Christian humanism）。13世纪的经院哲学与意大利文艺复兴，都是这种基督教人文主义盛行的体现。

阿奎那发展了他的观点，认为从物理学、生物学到伦理学、心理学，乃至神学，都为圣经信仰和古希腊哲学的相容性提供了大量的论点。贯穿其思想始终的指导原则是："信仰不是摧毁或取代理性，而是完善理性"。

让我们简要地看一下阿奎那的基督教人文主义是如何在道德和法律领域发挥作用的。他从古希腊哲学中发现了道德德性理论，尤其是他所谓的正义、智慧、勇气和节制的"自然德性"。虽然"德性"一词在《圣经》中没有出现，但这些基本的美德肯定在其中有被提到过，因为在所有人类文明的著作中都会提到这些美德。来自不同文化的富有智慧的人都意识到，人类社会的持存有赖于其成员拥有这些美德；如若没有足够多的人践行这些美德，人类就无法和平地共处。只有我们的行动能充满公正、智慧、勇气和节制，我们作为个体的生活才会变得更好。

此外，阿奎那还发现了一些《圣经》独有的美德：信仰、希望和爱。他称这些为"超自然的美德"（supernatural virtues），因为这些美德单靠理性是不能发现的，必须要依靠对圣经启示的信仰才能发现。世俗人文主义者认为，人类要过良善的生活只需要那些自然美德即可；而宗教原教旨主义者则认为，人类要过良善的生活只需要那些超自然的圣经美德即可。阿奎那坚持认为所有的这些美德都是我们所需要的：信仰、希望和爱的美德不应取代，而是要完善正义、智慧、勇气和节制的美德。宗教狂热者认为我们只需要信仰、希望和爱，而不需要正义、智慧、勇气和节制。但若没有自然美德，超自然美德将是盲目的；同样地，若没有超自然美德，自然美德也将是冷漠且严酷的。

除了亚里士多德的著作外，查士丁尼皇帝 6 世纪编纂的罗马法于 11 世纪末在西欧重新被发现。为了研究这部罗马法，欧洲历史上的第一所大学于博洛尼亚建立起来（是的，欧洲历史上最早的大学是所法律大学）。世俗统治者和教皇都以罗马法为榜样，着手制定法典。阿奎那将罗马法视为理性的人类法律典范，并试图证明罗马法是如何与《圣经》中所揭示的神圣律法相协调统一的。阿奎那认为，理性的人类法律和神圣律法都源于上帝的永恒律法。由于我们无法直接接触到上帝的永恒律法，因此我们只能通过出于人类良知的自然律法和《圣经》的神圣律法间接地理解它。阿奎那说，每个人天然都有一种良知，能够分辨好坏。此外，无论是摩西的旧律法还是耶稣的新律法，神在《圣经》中都揭示了许多基本的道德真理。如果说我们有内在的良知，那为何我们还需要神圣律法呢？按照阿奎那的说法，我们的良知并不是绝对正确的，它可能会在某些特定的判断上出错，也可能在一定程度上被我们的文化所腐化。因此，运用神圣律法可以对我们的良知进行审查。与此同时，我们对神圣律法的解释也是容易出错的，这也要求我们通过自然良知对其进行审查。这样，上帝实则为人类提供了两种不同的道德准则：自然良知和神圣律法。

当然，人类生活的复杂性需要我们找到比在良知或《圣经》中所找到的更为具体的指导。我们的良知告诉我们，做错事的人应该受到惩罚，但我们需要人类立法者来进一步详细定义相应的罪行及其后果。打个比方，我们的良知告诉我们应该安全驾驶，但我们需要更精确的交通规则。同样地，基于《圣经》中普遍性的法则，基督教会需要制定出详细的教会法。例如，《圣经》告诉我们要"守安息日为圣"，而教会法则告诉我们要在周日参加弥撒，显然，这给了我们更为具体的指导。

阿奎那认为，人类立法者必须运用自己的实践智慧，将自然法的一般原则（良知）具化为人类公民法的具体规则。他说，每一条人类的法律，都从良知的自然法所蕴含的真实道德原则中获得其道德力量。由于有效的人类法律可以追溯到基本的道德原则，因此我们就有义务在良知上遵守人类法律。另外，不公正的法律是违反道德原则的法律——这样的法律就失去了它的道德力量。

马丁·路德·金在其著名的《寄自伯明翰监狱的信》(*Letter from Birmingham Jail*) 中，引用了阿奎那的话为自己的非暴力运动做辩护："用圣托马斯·阿奎那的话讲，不公正的法律乃是不植根于永恒的律法与自然法的人法。"马丁·路德·金认为，那些强制实行种族歧视的实在法侵犯了人类的尊严，并因此违反了自然法。

　　但丁 14 世纪的史诗《神曲》（*Divine Comedy*）也是在阿奎那作品的影响下，对基督教人文主义进行的一次戏剧化的演绎。在这一长诗中，但丁被古罗马诗人维吉尔 —— 人类自然理性的象征 —— 带领着穿越了地狱和炼狱的恐怖景象。维吉尔带领但丁一路来到天堂之门，但要进入天堂，必须经由一位名叫比阿特丽斯的女人 —— 基督教美德的象征 —— 的指引。自然理性是不可或缺的，在我们人类的旅程中，它帮助我们走得很远；但是，在走向永生的最后一步，我们需要的是信念、希望和爱。比阿特丽斯完满了维吉尔所取得的成就，正如耶路撒冷完善了雅典所取得的成就一样。

　　鉴于世俗人文主义者和宗教原教旨主义者之间的激烈对抗，阿奎那的基督教人文主义在今天的意义是不言而喻的。许多基督徒，尤其是美国的基督徒，声称达尔文的进化论与《圣经·创世记》中的创世论是不相容的。但阿奎那指出，如果我们只是按字面意思来解读《圣经》中上帝在六日内创造宇宙的故事，那将是毫无意义的，因为太阳直到第四日才被创造出来，所以《圣经》中所说的"日"（day）与我们所说的"日"肯定是不同的。因此《圣经》需要得到正确的解读，一旦《圣经》被正确解读，就不会再与科学相矛盾。与此同时，今天许多世俗人文主义者声称，现代科学已经证明了上帝是不存在的。既然科学只能通过观察或实验来解决经验问题，又怎么可能得出上帝不存在的结论来呢？显然，即使是科学家，也可能错误地解读科学。尽管几个世纪以来发生了许多激烈的冲突，但阿奎那依然相信，信仰与理性、宗教与科学之间不存在冲突，除非是出于人为的误解。神并没有教导过关于自然的任何事情，进而也没有在《圣经》中提出与莫须有的教导相矛盾的说法。

现　代

8　尼科洛·马基雅维利：爱国者

5个世纪前，正值意大利文艺复兴的鼎盛时期，在佛罗伦萨南部圣安德里亚一个小村庄的简朴乡村农场，一位失业的前公务员正坐在他的书房里，把他所知道的关于统治艺术的一切都写进一本小册里。他希望将此作为献礼送给这座城市的新统治者，以重新赢回自己所热爱的工作。但它被一位君主无情地拒绝了，这位君主对这个默默无闻、流亡在外的官僚写的关于治国之道的思考没有丝毫兴趣。在马基雅维利去世5年后，这本小册子终于出版了，书名为《君主论》（The Prince）。14年来，马基雅维利担任外交官和公职人员，一直不辞辛劳地为他的家乡佛罗伦萨工作，作为佛罗伦萨的代表，他不断前往欧洲的法院和总理府，在那里他会见了教皇、君主和当权者。后来，梅第奇家族推翻了马基雅维利效忠的佛罗伦萨共和国，马基雅维利此前所有的成就都因此被抹杀。他迅速被解雇、逮捕、拷打、流放。马基雅维利遭受了6次吊刑的折磨（他被高高举起，双手被吊在天花板上的滑轮上，导致关节脱臼），在这过程中，他的表现令人钦佩，事后他甚至就此写了一些打趣的十四行诗。由于佛罗伦萨新统治者的叔叔被选为教皇，全国大赦，马基雅维利侥幸逃脱了死刑。马基雅维利似乎很少抱怨自己的悲惨经历。在文艺复兴时期的政治中，迫害似乎被认为是公道的，在《君主论》一书中，他甚至提倡更残忍的迫害方式。被赶出令他着迷的活跃的政治生活，并被驱逐出这座他"爱得超过自己灵魂"的城市，才是他最无法忍受的。他极度想念城市生活的兴奋、冒险和持续不断的刺激，而对单调的乡村生活感到无聊。他整天读书写字，追赶画眉鸟，和当地的旅店老板一起玩西洋双陆棋，来逃避单调乏味的乡村生活。

佛罗伦萨政府的中心是韦奇奥宫，这也是马基雅维利之前工作过的地方，对于流亡的马基雅维利而言，尽管距离韦奇奥宫很近，他却像始终生活在月暗之处一样，无法再进入其内。他向他的侄子坦言，虽然他的身体状况良好，但"在其他方面"他已经病了，因为他和他深爱的佛罗伦萨分开了。他还向一位朋友抱怨说，他在流亡期间正在慢慢地"腐烂"。马基雅维利是一位非常爱国的佛罗伦萨人，他拒绝了一份为富有且有权势的罗马贵族担任顾问的工作，这份工作的薪水高达 200 金币，仅缘于他只想为自己的家乡服务。尽管他在临终前获得了部分康复治疗，但作用非常有限。他的光辉岁月结束了。根据流行的传说，马基雅维利在临终前梦见自己选择留在地狱里与古代伟大的思想家和统治者讨论政治，而不是选择在天堂里与善良和正义的人一起度过永恒的乏味。

马基雅维利从来都不是狭义上的哲学家，甚至也不是一位系统的思想家。他 1513 年匆忙写成的《君主论》一书也不是一部严谨的哲学专著，这或许在某种程度上可以解释它为何会经久不衰地受到读者喜爱。长久以来，即使是在政治思想史上最伟大的经典著作中，《君主论》一书仍享有崇高的地位，它对一般政治生活的本质有许多深刻的见解，且马基雅维利的观点也具有惊人的魄力和独创性。

马基雅维利是极少的自己名字被用作形容词的作者之一。"马基雅维利"一词代表了那种劝告统治者在无情地追求政治权力的过程中应该抛弃道德规范的残酷的现实主义者。我们不难在《君主论》中找到这种观点的根据，书中将谋杀、欺骗和战争视为合法手段，统治者可以借此确保自己对权力的控制，甚至获得荣耀。马基雅维利谴责那些虽夺得政权但其统治短暂而残酷的暴君，赞扬那些非常罕见地建立了持久的国家和帝国，进而获得荣耀的政治家。但对他来说，权力即便缺乏荣耀，也远比历史上那些最终失败的政治规范更为可取。历史上充斥着失败的政客、政治家、统治者，他们要么是因为不了解政治生活的残酷事实而失去权力，要么是因为不愿或不能在他们认识到这些事实时采取行动而失去权力。

不同于柏拉图或奥古斯丁，马基雅维利丝毫没有打算向读者展现一个"理想国"，而是要用自己的亲身实践和观察，告诉读者关于政治的残酷真相。实际上，柏拉图、亚里士多德和奥古斯丁也曾近距离地观察过政治，他们同样理解政治的残酷现实。亚里士多德也的确在他的《政治学》中，列出了暴君维持其权力的几种方式，其中已经包含了马基雅维利所提出的全部建议。但不同之处在于，古人认为残忍和不道德是自我毁灭的，而马基雅维利则认为它们是可以自我保存的。对马基雅维利来说，不够残酷必然导致最终的政治失败；而对文艺复兴时期的意大利来说，政治失败则往往意味着国家早日灭亡。马基雅维利本人不仅经历了意大利文艺复兴的鼎盛时期，而且还亲眼目睹了意大利无情的政治生活。这是米开朗琪罗和恺撒·博尔吉亚的时代，这是一个文化高度发达，政治却极度低下的时代。《君主论》令当时世人感到震惊的是马基雅维利提出屠戮统治者全族等权术时所展现的厚颜无耻的直率，而非这些权术本身，因为这些权术在当时的政治生活中早已习以为常。

　　尽管如此，马基雅维利并不是简单地认为，不管我们有多么不情愿，政治都需要把道德放在一边才能发挥其作用。一般情况下，在残酷的现实政治世界中，统治者常常被迫在两种恶之间做出选择，而非在两种善之间或善与恶之间做出选择。在这种悲剧性的情况下，选择较小的恶而不选择较大的恶，无论其本身多么残忍和令人反感，在道义上却是正确的做法。这是政治伦理的经典困境，现在被称为"脏手问题"（the problem of dirty hands）。在这种情况下，政客们经常面临的情况是，尽管他们面临诸多不同的选择，但所有的选择在道德上都会受到谴责。在稍晚于《君主论》的《论李维》（*Discourses on Livy*）一书中，马基雅维利非常简洁地阐述了这个问题，以及他对这个问题的态度："行为使他蒙羞，结果将给予宽宥。"确实，对于马基雅维利来说，一个讲求实务的统治者，为了防止更大的恶，是会愿意犯下其他恶行（例如欺骗、酷刑和谋杀）的，这种统治者值得人们钦佩和尊重其道德。马基雅维利是一个道德结果主义者（ethical consequentialist），认为目的可以正当化手段。这就是马基雅维利所相信的道德形式，他并不像许多人所认为的那样是不道德的或非道德的。

他反对不顾道德以达到政治目的，而是主张根据道德所促进的目的来重新定义道德。在政治上，对手段的苛求往往会危及结果，而对马基雅维利而言，结果才是真正重要的。

马基雅维利在访问托斯卡纳的皮斯托亚镇时，清楚地认识到了这一点，并在《君主论》中对此有所论及。这个小镇当时是佛罗伦萨的殖民地，被两个敌对的家族瓜分，正濒临内战的边缘。因此佛罗伦萨人派马基雅维利来调解冲突。马基雅维利回来报告说，皮斯托亚事态已难以挽回，佛罗伦萨人应强有力地介入，甚至在必要时采取血腥的手段；但他的提议未被采纳，因为佛罗伦萨担心这会为自身招来残暴的名声。马基雅维利所担忧的事情很快就发生了，皮斯托亚陷入了大规模的混乱，由此造成的暴力和破坏远比佛罗伦萨人接受马基雅维利的提议、更早采取严厉的干预措施要严重得多。正如哲学家凯·尼尔森（Kai Nielsen）所言："当唯一的选择是在邪恶与邪恶之间时，选择较小的邪恶永远不会错，且将永远是正确的。"有时做一些其本身令人反感、但可防止更大的恶、后果上看来是好的行为，不仅在道德上是正确的，甚至还是我们必须要去做的。这就是为什么马基雅维利认为，统治者为了防止更大的残忍而使用残忍是一种对残忍的"善用"。这种预防性的残忍就是"君主的悲悯心"（the compassion of princes）。马基雅维利式政治是一种暴力经济学。在其中，成功的君主在正确的时间以合适的程度犯下恶行，以保护他的国家，富有卓见地以最小的恶为代价避免更大的恶。

马基雅维利在《君主论》中最重要的创新之一，是他对美德概念的重新定义。他将美德视为政治成功所必需的品质和技能，但为了获得政治成功，除了美德之外，还需要冷酷无情、狡诈、欺骗，以及愿意做出被传统标准视为邪恶的行为。马基雅维利所反对的古典德性理想是古罗马政治家西塞罗所表达的那种理想。在文艺复兴时期，西塞罗的《论责任》（*On Duties*）一书比其他任何一部古典拉丁散文作品都更常被阅读和印刷。西塞罗认为，统治者只有当其德性为善时才是成功的。这是指统治者要坚持智慧、正义、克制和勇气这四项基本美德，此外还应诚实。对西塞罗来说，自利或权术是与道德良善相冲突的，前者不仅是错误的，而且对公共生活和道德具有深刻的腐蚀性。在文艺复兴时期的欧洲，这种理想主义的政治观被基督教信仰进一步加强，即相信对此世犯下的罪恶和不公，在死后会面临上帝的惩罚，且信仰、希望和仁爱这三种神学美德也进一步完善了基本美德。马基雅维利认为，西塞罗和基督教的伦理观都是僵化的、不现实的，这种伦理观实际上造成的危害远大于它们所避免的危害。我们所处的不完美的政治世界，就像充斥着狼的世界一般，在这样的世界中，固守上述道德的懦弱羔羊只会面临灾难性的下场。用马基雅维利的话来说，人是"忘恩负义、容易变心的，是伪装者、冒牌货，是逃避危难、追逐利益的"，因此也必须以相应的方式对待。马基雅维利式政治是"男子气概"（macho）的政治，只有最大胆的赌徒才能成为政治中最大的赢家，即那些敢于革新政体的人，而不是那些仅仅为了权力本身而掌权，却不创造任何具有原创性和持久性东西的人。马基雅维利放弃了基督教的神圣眷顾（divine providence）观念，转而支持异教的命运或运气观念。美德对他来说是"男性化的"，命运对他来说是"女性化的"：在《君主论》中，他一个臭名昭著的论述是将命运描述为一个女子，如果一个真正有男子气概的男人想要将自己的意志贯彻于现实，就必须强行"征服"命运这个女子。虽然在传统中，命运的代表也是女性化的（"幸运女神"），她通常被描绘成一个相当温良的欺骗者；但在马基雅维利的笔下，她变成了一个善变、恶毒的女神，喜欢打乱男人的计划，把他们带入混乱和苦难。基督教宣扬要顺从上帝的意志，而马基雅维利则认为，一个"有道德的"（virtuous）统治者可以通过血腥、大胆和果断，至少在某种程度上把自己的意志强加于命运。

　　马基雅维利是西方最早公开宣称"脏手"是日常政治中

不可避免的一部分的作家之一，他毫不回避地接受这一残酷事实背后令人不安的伦理意涵。他认为，否认这一点的政客不仅是不切实际的，而且很可能把人民引向更大的、不必要的罪恶和苦难。今天，这一点仍然值得我们谨记，尤其是当我们以完美世界中的标准来谴责政客们可能犯下的错误时。因为政治世界从来不是、也永远不会是一个完美的世界。就像在战争中一样，有时作恶是为了行善。对马基雅维利来说，政治就是一种战争。但他所认为的那些在意大利文艺复兴时期残酷的政治世界中所需要的手段，可能并不能简单地套用到现代民主国家和拥有法治、新闻自由的开放社会。因为在现代社会，人们可以通过各种方式对政府进行评论、审查、质疑和曝光。当然，现在的政客仍致力于欺骗、腐败和战争，他们有很多机会逃避审查，但自马基雅维利时代以来，这样做的风险已经大大增加。这些变化使得《君主论》的某些内容在今天已经过时，这某种程度上是所有政治著作都面临的情况：没有任何一本书可以拥有完全的说服力，但并不是所有的书都能包含超越具体时代的真知灼见。毫无疑问，《君主论》属于那种具有超时代价值的杰出著作，且是其中的佼佼者。

9　托马斯·霍布斯：专制主义者

在托马斯·霍布斯的漫长一生中，1642年爆发的英国内战是其人生的决定性事件。当时的霍布斯50多岁，在此之前，他一直过着安静、低调的生活，领着私人奖学金，在一个贵族家庭担任家庭教师和顾问。但当克伦威尔和他的支持者起而反抗国王查理一世的统治、英国面临内战时，霍布斯的生活受到了极大的冲击。一向忧心忡忡的霍布斯早早地嗅到了动乱的气息，于是他做了"第一个逃离的人"，在他的祖国陷入公开冲突之前，逃到了法国的安全地带。早在三十年战争[1]期间，他就已经在那里待过一段时间了，那场战争使得欧洲分崩离析，并对社会造成了空前的破坏，所以当时充满恐惧的霍布斯也同样地无心在英国逗留。

"恐惧"是霍布斯生活和著作中的永恒主题。亚里士多德说，是人的本性和对正义的热情使人选择了政治，但霍布斯并不这么想，他认为使人投身于政治的原因是对自然状态的恐惧——我们惊恐地想要逃离野蛮的前政治世界，投入随便哪个能够保护我们免受恐怖攻击的国家的怀抱。霍布斯认为是激情在支配着理性，而恐惧又是激情中最强烈的情绪。霍布斯出

1　1618—1648年以德意志为主战场的欧洲历史上第一次大规模战争。——编者注

生时，英国正遭受西班牙舰队的入侵。与他同时代的一位作家写道，在 1588 年 4 月 5 日的早晨，霍布斯的母亲"因为害怕西班牙人的入侵而早产生下霍布斯"，这使得霍布斯相信，自己和恐惧是天生的双胞胎。

在克伦威尔战胜查理一世（霍布斯最初所支持的人），确立了自己作为英国护国公的地位之后，出逃的霍布斯悄悄地从法国回到了故乡，并与新政权和平相处。但当克伦威尔去世，新国王查理二世回到英国并最终夺得王位时，霍布斯再次陷入了困境。他成为众矢之的，因为他在流亡期间背弃了君主制，还因为他那所谓的无神论——放在 17 世纪的英国，这的确是一个招人憎恨的观点。他之前就已树敌颇多，因为他非正统的政治观点激怒了很多人。此时更是因自己的异教信仰而受到议会的调查，但他之前的学生，也就是新国王查理二世，顾念旧情，保下了自己的老师。因此，尽管霍布斯生活在一个非常危险的时代，对自己的生活充满恐惧，且不断在形势中站错边，但他依然侥幸地活到了 91 岁——在危机四伏的 17 世纪，很少有人能活到这个年纪。

尽管霍布斯很胆小，但他在著作中却表现出了惊人的智慧和勇气，挑战了他那个时代的许多主流正统学说。例如，他强烈质疑在一个宗教和道德气氛浓厚的时代发现道德或宗教真理的可能性。按霍布斯的说法，理性无法发现客观的真理，因为"那些所谓正确的推理只不过是根据他们自己的推理来决定的"。他说，每个人都把自己喜欢的东西称为"好的"或"正义的"，把自己不喜欢的东西称为"恶的"或"非正义的"。与古典主义对自然正义或自然理性的诉求相反，霍布斯关注的是法律惯例。他把权利、善、正义的道德语言等同于任意计量单位的语言，比如一磅或一夸脱。显然，自然理性不能规定何为"真正的"一磅或一夸脱，因为压根不存在这种东西。但在纯粹的公约领域中，真正重要的不是公约的"真理性"，而仅仅是对公约能够达成共识。同样地，霍布斯说，重要的是我们的道德、宗教和政治分歧能够得到解决，而非它们在客观意义上得到了"正确"的解决。凡有权柄按其意愿下达指令，规定一磅、一夸脱，或是善、正义、权利等物者，就是主权者。如果我们希望生活在某种程度的和平国度中，那么我们必须接受对人类知识的严格限制。理性不能使我们免于暴力的道德、宗教、政治冲突，只有主权权力才能。霍布斯更关心的是指令的存在，而不是谁下达指令或指令具体是什么。因为若没有这种指令，我们只会面临混乱和死亡。

人们常说，霍布斯在政治理论上的伟大创见是捍卫了权利优先于善的观念。在柏拉图和亚里士多德的经典理论中，首要任务是定义何为构成幸福和繁荣的人类生活的善。一旦这些善被确定下来，那么所谓的正义，就是我们去追求这些善的权利。霍布斯对人类生活的善持怀疑态度，这导致他拒绝接受这种古典的"善高于权利"的观点。他声称，尽管我们对于人类的善和德性不可能达成共识，但所有理性人都会认同"暴死"（violent death）是最坏之物。基于这一没有争议的观点，霍布斯建立了他的利维坦（Leviathan，本为《圣经》中的海怪），一种全能型的国家。事实上，霍布斯并没有真正地将"善高于权利"的关系完全颠倒过来。他虽然摒弃了古典的善的概念，但却又转而支持另一种善的概念：生命本身。霍布斯选择了一种具有共识性的、需要我们优先考虑的善（生命），而不是其他有争议的善，比如我们永远不会就其达成一致观点的道德德性。这与苏格拉底的观点正好相反，苏格拉底宣称"必须追求好的生活远过于生活本身"。

如果没有政府，这种对生命而言不能让与的自然权利是非常脆弱的，因为最终会造成这样一种局面，即我认为是为了保卫我自己的生命而必须采取的措施，对于别人来说却是一种威胁，反之亦然：他人所认为的防卫，在我看来却是冒犯。我对你的意图的怀疑致使我对你采取先发制人的攻击，正如你对我的怀疑会激发你对我进行先发制人的攻击一样。在缺乏一个主权权力让我们所有人都保持"敬畏"的情况下，每个人都会害怕其他人，这是一个极端动荡的局面，最终会引发暴力冲突。

更糟的是，霍布斯认为，人类不仅"天生不适合社会"，而且还有一种控制和支配彼此的自然欲望——我们不仅不是社会（a-social）动物，我们甚至是反社会（anti-social）动物。

另外，我们还是贪得无厌的动物，对荣誉和权力有着永不知足的欲望、"至死方休"。我们生活在对暴死的恐惧之中，这构成了另一种导致自然状态是充满冲突的状态的原因。如果听任我们自己处于一种前政治的自然状态，没有一个具有绝对权力的国家对我们强加秩序并维持和平，我们不仅不可能实现各文明的善，而且还将生活在对生活的永恒恐惧之中。在这种持续的、无法忍受的相互恐惧和不信任的状态下，人的生活是"孤独、贫困、卑污、残忍而短寿的"。在逃出自然状态并非不可能的情况下，任何理性人都不会选择停留在这种状态中。每一个理性人都会不惜付出任何代价（除生命本身之外）来逃避自然状态。

霍布斯认为，主权的建立正是为了将我们从暴力冲突中拯救出来，这种冲突曾使17世纪的英国陷入内战。君主必须拥有一切必要的权力，也仅限于必要的权力，来解决一切争端。原则上，这意味着君主拥有对大学、教堂、家庭、公司、城镇，以及对所有有争议的言论和表达的无限权威。但是，如果宗教、道德或政治等的争论并没有引发暴力冲突的危险，那么霍布斯认为，君主便没有理由对其进行干涉。霍布斯并不反对自由，除非自由威胁到了我们的生命；他认为，只有在自由威胁生命的情况下，君主才获得了绝对的做出决定的权利和责任。主权在理论上是绝对的，但它可能只是在为了维护和平而进行干预的方面享有绝对权力，除此之外，我们可以自由地以

自己的方式追求自己的利益。一个强大的霍布斯式的国家并不
必然是一个疆域辽阔的国家；事实上，疆域的过度扩张反而可
能会削弱国家的能力。最终，霍布斯式的国家就是这样一种自
由主义和专制主义诡异的结合体。

　　此外，我们对自身自然权利的保全可以合法化我们对君
主命令的违抗。由于霍布斯所说的极端政治解决方案的唯一
目的，就是为相互交战的个人提供一个"仲裁者和法官"，来
维持他们之间的和平，所以服从一个不能保护你免受伤害的
君主是没有意义的，不论这伤害是来自他人还是来自君主本
身。例如，霍布斯说道，即使君主有正当的理由下令逮捕你，
你试图逃跑也是正确的，而这正是君主对你实施逮捕时需要
带着武装人员的原因。即使君主判你死刑是因为你确实有罪，
霍布斯依旧认为你试图逃跑是合法的，"因为任何在主权权力
下的人，都不能被认为放弃了保全自己人身的权利"。的确，
对于一个被判死刑的罪犯来说，试图逃跑是最合理的做法，
因为生命本身就是人类最珍视的善。霍布斯绝不会把苏格拉
底拒绝逃脱雅典同胞强加给他的死刑看作一个理性的人的行
为。同样地，如果君主强制你入伍并与主权的敌人作战，霍
布斯认为你此时拒绝也"不为不义"，因为你服从君主权力的
原因首先是为了保全你自己的生命，而不是拿自己的生命去
冒险。在此，我们再次看到了霍布斯专制主义政治中的自由
内核。不像马基雅维利认为一个有强烈爱国心的公民应首先

致力于公共利益，霍布斯从未指望或要求他的臣民在政治社会中超越他们自私的天性。这些特殊之处似乎使得霍布斯的主权权威不是绝对专制的。

　　霍布斯提出了一个几乎是全能的主权者——利维坦国家——作为保证人类和平的唯一途径。他所提出的这种高度独裁的政治体制的基础是被统治者的同意，而不是上帝的同意，即使主权者最终要求绝对权力，他需要征得的也是被统治者而非上帝的同意。霍布斯确信，在只有和平和战争两种选择的情况下，一个理性的人才会同意将自己置于任何统治者的保护之下，只要统治者能为他提供稳定政治秩序下的和平与安全。鉴于所有人对所有人的战争状态是所有可能世界中最糟糕的一种状态，因此避免战争的代价再高也不为过，即使这意味着放弃其他值得珍视的善，把自己置于一个全能统治者的统治之下。霍布斯为他所认为的极端问题提供了极端的政治解决方案。内战使他认识到，需要回归政治的基础，并促使他为一个几乎无所不能的主权国家做辩护，这一主权国家的首要目的是维护和平，保护其臣民的生命。根据霍布斯的说法，只有这样才能防止社会秩序的崩溃。和平与安全是所有其他善的必要先决条件，因此必须在享受其他善之前首先得到保障。正如现代哲学家伯纳德·威廉斯（Bernard Williams）所说，任何合法国家必须回答的首要政治问题，都是如何首先确保秩序和安全。其他一切都只有在秩序和安全得以保障的前提下才有可能实现。

在霍布斯的政治中，没有理想的一席之地。他认为理想是非常危险的，因为理想会滋生对既定规则和制度的不满，并滋生分歧，而这些分歧又很容易升级为冲突甚至内战。这也是他鄙视亚里士多德的原因之一，他曾说"亚里士多德是有史以来最差劲的老师"。因为亚里士多德把人看作天生的政治动物，把德性和幸福置于政治生活的核心，把"好的"政府形式（在亚里士多德看来）与"有缺陷的"政府形式区分开来，把女性排除在公共生活之外。霍布斯认为，所有这些重要的观点不仅是错误的，而且是对强大、稳定的政府的颠覆，而如果没有这种稳定的政府，秩序则是不可能存在的。在霍布斯看来，亚里士多德实际上是一个不自知的无政府主义者，他关于正义和美德的理想滋生了对任何不够完美的事物的不满，从而威胁着一切现实事物。霍布斯认为，理想是会招致现实后果的，因为大多数政治理想是坏的、有害的甚至是危险的。霍布斯是西方思想史上最早坚持男女完全平等的哲学家之一，他认为，没有理由反对女性成为君主。

在我们这样一个容易受到恐怖主义袭击的时代，霍布斯的政治观点显然会直接影响到很多人。随着恐怖威胁（或至少是对威胁的感知）的增加，人们更有可能准备牺牲自由、隐私等善，以换取安全——这是国家的首要职责。霍布斯明白，他主张不受限制的政治权力的立场，只对那些对暴死有理性的、审慎的恐惧之心的人有吸引力；他也意识到，有些人，比如那些决心为自己的事业献身的人，并不会认为死亡是最大的恶。对此，霍布斯给不出令人满意的回应，只能谴责这种行为是非理性的。但很明显，有很多人并不像霍布斯所说的那样的"理性"，他们宁愿为了自己的宗教信仰而去杀戮和牺牲自我。霍布斯怎么才能说服这些人接受其利维坦的合法性呢？

10　约翰·洛克：清教徒

在托马斯·霍布斯为了躲避英国内战的危险而逃往法国之后，相隔一代人的时间，哲学家约翰·洛克也出于类似的原因离开英国，前往荷兰。当时，他是牛津大学的一名学者，拥有医学学位；之后成为沙夫茨伯里伯爵（他后来被任命为英国大法官）的私人医师和秘书。但是沙夫茨伯里伯爵反对当时在位的英格兰和苏格兰的斯图亚特国王，这使得他及他忠诚的仆人洛克成了王室的怀疑对象。最终，沙夫茨伯里伯爵逃到信奉新教的荷兰，很快就在那里去世了；留在英国的洛克失去了强大的保护者和主人，形势对他非常不妙。在一场刺杀国王及其兄弟的阴谋败露后，日益紧张的政府开始调查清教徒洛克。虽然没有直接表明，但洛克可以感觉到，亲斯图亚特的牛津大学正慢慢收紧拴在他脖子上的绞索。当牛津大学后来公布了一份声称是洛克所支持的"该受诅咒的学说"（damnable doctrines）清单时，洛克认为，他必须得越过英吉利海峡，逃往相对安全的荷兰了。

洛克的离开反而坐实了政府对其爱国心的质疑，被激怒的当局给他所在的牛津大学的院长写信，要求立即对洛克做开除处理。牛津大学传唤洛克，让他回校为自己辩护。但洛克机敏地选择以信件的方式，为自己做无罪辩护。他的名字被列入了英国针对著名人物的黑名单，詹姆斯国王以洛克企图动摇英国君主制的名义，要求荷兰政府将他驱逐出境。1688年，事态发生了戏剧性的变化，洛克的处境也随之发生了天翻地覆的转变。当时信奉新教的荷兰国王率领一支军队来到英国，推翻了仓皇逃离的信奉天主教的英国国王。现在，国王威廉即位，洛克可以安全返回英国了。回到英国后，他写了众多捍卫自由、宗教宽容与有限宪政政府的书籍和文章。他的思想产生了巨大的影响，尤其是对美国的开国元勋们；他们后来用洛克的思想武装自身，与英国君主展开抗争。美国开国元勋们在18世纪晚期建立的美国政治体系在很大程度上受到了洛克关于有限政府、自然权利、自由和私有财产等思想的启发。而今天我们所处的世界正是美国式的世界，因此也可以说，我们今天所处的世界是一个洛克式的世界。

像之前的霍布斯一样，洛克通过想象在没有政府的情况下人的生活会是什么样子，开始了他对政府本质的思考。他对假想的自然状态的描述，并不像悲观且永远充满恐惧的霍布斯所写的那样，是一场所有人对所有人的可怕战争。不同于霍布斯对无政府状态下人的情境的噩梦式描述，温和的洛克用一种不稳定、不方便的自然状态，取代了霍布斯所认为的毫无秩序的、永远令人恐惧的自然状态。洛克认为没有政府的生活虽远非理想，的确让人不快，但也不是不能容忍。根据洛克的说法，我们天生是自由的，并对我们的身体享有自然所有权（换句话说，与亚里士多德的观点相反，洛克认为没有天生的奴隶）；在没有政府的情况下，天性自私的人们虽产生互动，但这一自然状态难免会产生纠纷和冲突，而此时又缺乏公权力来仲裁人们之间的纠纷和冲突。因此，如果没有一个由国家强制执行的法律体系来保护我们的自然权利，我们的自由和生命都容易受到侵害。这就是为什么洛克相信，虽然自然状态下人的生活是可以忍受的，但我们可以选择更好的生活，即通过建立一个有限的政府来更好地管理和保护我们天然拥有的权利。

　　洛克最具影响力的政治观点是，人们创建政府的主要原因是确保"对其财产的保护"，而财产在自然状态下总是处于危险之中。洛克的"财产"（property），包含了人的生命本身，因为我们"拥有"我们自身的生命。他推断，起初上帝"给了全人类一个共同的世界"，所以人除了他们自己的身体，并不天生拥有其他任何东西；但是上帝也命令人类为了"生命的利益"而努力征服地球。清教徒洛克讲道："你不能无所事事。"世界的存在，是为了让人"勤劳而理性"地使用。通过将我们的劳动掺入其他无用的自然物，我们把它们变成有用的产品，增益我们的财富和幸福。劳动使自然物从神赠给人类的一种共有之物，转变为属于那些将其劳动掺入自然物的个人的私有财产。对洛克来说，我们正是以这种方式，成为所有物品的合法拥有者。但是，我们的私有财产，同我们的生命和自由一样，在自然状态下是非常脆弱的；在自然状态下，我们每个人都要自己负起责任，以保护我们自身和我们的财产不受那些不尊重它们的人的侵害。洛克认为，建立政府是为了更好地保护我们的财产，通过建立一套法律、刑事司法和武力体系，来保护我们脆弱的自然权利。我们最好主动把惩罚罪犯和执行自然法的个人权利交给国家；作为我们遵守其法律的回报，国家可以比我们每个人独立行动更为公正和有效地伸张正义。这就是政府的起源和目的。

洛克虽然强调私有财产的神圣性，但他也提出了一个例外情况，即一个人因为"迫切的需要"（比如饥饿）而迫不得已从他人的过剩财产中偷取东西的情况。他对这一权利表示支持，因为"上帝从来没有让一个人处于唯命是从的地位，以至其他人只要高兴，就可以随便将其饿死"。因此，洛克认为，如果为了养活自己和家人，你不得不从一个人那里偷一条面包，且这个人拥有的面包超出了他个人的消费能力，那么你这样做就是正确的。除此情况之外的盗窃都是错误的，且国家有责任防止或惩罚盗窃行为。洛克所讲的这种例外情况可能对当今全球的贫困人口产生重大的意义，因为它使他们有权在面临饥饿的情况下（每年有数以百万计的人面临饥饿），正当地宣称和占有富裕阶层的过剩财富。这似乎还意味着财富从发达国家向发展中国家的大量转移是合法的。

跟霍布斯一样，洛克认为政府是人类的创造物，经由人们的同意而建立，为人们的利益服务，而非像亚里士多德所说，是自然的或上帝赠予的东西。但洛克倾向于有限宪政政府，而不是霍布斯所坚持的那种专制主义。因为没有国家的生活不会像霍布斯所担心的那样令人无法忍受，所以洛克认为我们没有理由完全臣服于主权者。主权者还可能会对我们实行暴政，这甚至比我们在自然状态下互相残杀还要可怕。因此，洛克认为建立国家的契约应该是有条件的。对于洛克来说，问题并没有霍布斯想象的那么极端，因此解决方案也不必极端。如果本来旨在保护我们的生命、自由和财产的主权者没有起到保护作用，那么后者就违反了当初设立契约的初衷；在这种情况下，我们也就没有任何义务再服从于主权者。换句话说，当臣民进入政治社会中后，他们仍然有反抗其统治者的权利。这一观点对美国开国元勋们非常有吸引力，他们宣称乔治三世已经变成了一个暴君，篡夺了美国人的传统权利，从而违反了假定的政府契约。他们认为是乔治三世把自己和他的美国臣民置于战争状态，因此他们也就不必再服从于国王。

洛克和霍布斯一样，认为政府的正当性来自被统治者的同意，这与此前哲学家们的观点大相径庭。洛克和霍布斯都认为，政治是人们之间签订契约而形成的人造物，旨在改善人类的境况。但接下来洛克又与霍布斯分道扬镳了，洛克主张主权权力应该从属于民选立法机构；而霍布斯则认为，只有作为立法者的君主，才享有国家的最高权力，他可以随心所欲地废除或推翻民主立法机构。根据霍布斯的说法，需要对另一种权力负责的君主并不是主权者，而没有君主，我们则又回到了无法忍受的战争状态。此外，霍布斯认为，解散政府也就意味着解散社会；对于这一观点，洛克也不认同。对霍布斯来说，对国家的反抗必然会导致社会的彻底崩溃，这是最糟糕的情况；但对洛克来说，社会并不需要一个国家来维持它的统一，因此对洛克来说，政治反抗的风险要比霍布斯所认为的低得多。

霍布斯和洛克都亲身体会到，欧洲的 17 世纪是一个充满宗教冲突和暴力的时代。洛克对解决这种冲突做出的学术贡献是他那本著名的《论宽容》（ *A Letter Concerning Toleration* ）。在该书中，他背离了霍布斯的观点 —— 这是毫无意外的。因为按照霍布斯的逻辑，解决宗教分歧的唯一办法是让国家里的每个人都公开遵守单一的、既定的国家宗教。而洛克则主张政教分离，反对军事力量和信仰的结合。他认为，国家应该容忍宗教多样性，而非试图控制人们的信仰。关照灵魂是宗教的责任，而不是国家的责任。这是洛克给美国开国元勋们上的一课，比如托马斯·杰斐逊，他所制定的宪法就在教会和国家之间建立了一堵合法的墙。然而，洛克在此处所坚持的宗教宽容观点却又在别处被抛弃了。他认为不应容忍无神论者，因为在缺乏对上帝的信仰的情况下，承诺、契约和誓言是不可能实现的。他所宣称的宽容也排除了罗马天主教徒，因为他担心这些天主教徒对国家的忠诚将不可避免地与他们对教会及其领袖的忠诚所冲突。洛克的"宽容"是非常有限的，尽管有限的宽容总比没有宽容来得好。

今天我们政治世界的日常语言，如权利、财产、贸易和宗教宽容等词汇，都可以在17世纪约翰·洛克的著作中找到。尽管自那时起，合法的国家行动的范围已经大规模扩张了，但他所倡导的自由主义的内核依然在人权、宗教自由和宪政等概念中被承袭了下来。洛克并没有解释清楚当不受限制地积累财产的绝对权利对其他重要的权利和自由构成威胁时应该怎么办。洛克所处的时代在工业资本主义和后工业资本主义兴起之前，因此他无法预见当不受监管的大众市场几乎无限制地增长时可能产生的扭曲和负面影响。自洛克时代以来，自由主义逐渐适应了资本主义不断变化的特征，包括扩大国家角色、让国家来纠正市场过度行为、为那些无法自给自足的人提供福利。而洛克则希望限制国家权力，因为它会给个人带来风险。如今，在西方民主社会，很多辩论都围绕着更大的风险是在于国家还是市场的问题展开。但对于17世纪的洛克来说，答案是非常明确的，就像美国的开国元勋们在18世纪制定宪法时一样，他们都旨在将专制政府的风险降到最低。但是，关于专制性市场的风险，我们必须到别处寻找答案。

11　大卫·休谟：怀疑论者

在大卫·休谟所处的时代，苏格兰既是 18 世纪启蒙运动最重要的中心之一，也是一个虔诚的宗教社会，加尔文教会在那里拥有悠久的历史。休谟是苏格兰启蒙运动的关键人物，该运动拥护宗教宽容、科学和贸易；同时休谟还是一个有影响力的哲学家和科学家圈子里的核心人物，这个圈子中还包括他的好朋友、经济学家亚当·斯密。休谟因对哲学和宗教持怀疑态度而声名狼藉，并陷入了 18 世纪苏格兰的文化战争。塞缪尔·约翰逊著名的苏格兰传记作家詹姆斯·鲍斯韦尔（James Boswell）是这么说休谟的：当休谟听说一个人有宗教信仰时，"他就可以断定，那个人是个无赖"。休谟也因质疑上帝、神迹、不朽灵魂和原罪的存在而付出代价。

当休谟申请爱丁堡大学哲学教授候选人时，遭到来自苏格兰神职机构的坚决反对，并最终在教会的反对下落选。几年后，当休谟再次申请刚由亚当·斯密空出来的格拉斯哥大学哲学教授的职位时，他的宗教敌人再次挫败了他的学术抱负，他们继续与这位"伟大的异教徒"（鲍斯韦尔给他的称号）做斗争。对休谟的迫害在苏格兰国教调查其"异教徒著作"时达到了高潮，他们试图将休谟逐出教会，甚至以无神论的罪名起诉他。休谟的命运与霍布斯如出一辙，而当年的这一处境差点使霍布斯丧命。教会指控休谟颠覆宗教、颠覆道德，就像雅典人指控苏格拉底的理由一样。休谟并不［完全］是无神论者，也从未声称自己是无神论者。他是一个宗教怀疑论者，强烈怀疑上帝的存在，但他也不相信经由理性就可以肯定或否定上帝的存在。他肯定是反教权的，他严厉谴责他所看到的有组织的宗教在人类历史上造成的有害后果，特别是基督教、伊斯兰教等一神论信仰。最终，教会放弃了对休谟的起诉，此后休谟终于稍得安宁。出于谨慎，他最终没有出版攻击自然宗教的言论，这种自然宗教认为研究自然就可以告诉我们一些关于上帝的事情。今天许多哲学家认为这些《自然宗教对话录》（*Dialogues Concerning Natural Religion*）写得非常精彩，其中所讨论的问题依然适用于当今的"智能设计"话题，但也同样引起了支持者和批评者之间激烈的争论。

今天休谟最广为人知的著作是他在20多岁时写的《人性论》（*A Treatise of Human Nature*）一书。令他大失所望的是，这本书"从印刷出来的那一天就死亡了"，就像当时和现在的绝大多数学术书籍一样，这本书一开始并没有吸引到大量读者。休谟向一位朋友抱怨说，它甚至"连狂徒的任何闲言碎语都没有能够激起"。他本以为该书会引来狂徒们敌意的反应，进而至少能让这本书因恶名而被人所知。但事实上，正如我们所看到的，宗教狂热分子对休谟的关注在两次挫败他的学术生涯后便停止了，并未因此书对他进行穷追猛打。于是休谟转而写了 6 卷本的《英国史》(*History of England*)。当终身亲法的休谟作为英国驻法国大使的私人秘书抵达巴黎时,《英国史》成为当时最火爆的畅销书。休谟混迹法国知识圈,成了法国的名人,他喜欢与当时引领法国的思想家和作家们来往。他们亲切地称这位肥胖的苏格兰人为"好人休谟"(le bon Hume),因为他有着和蔼可亲的本性、善良的性格和宽容亲切的品格。哲学家伏尔泰称赞休谟的《英国史》是"迄今所有的语言文学中写得最好的"。而英国政治家霍勒斯·沃波尔(Horace Walpole)并未被本书打动,甚至满是嫉妒地在法国报刊上抱怨,称"简直难以置信,这样一本书还能赢得人们对他的敬意"。他还刻薄地评论"休谟的法语发音跟他的英语发音一样莫名其妙"——两种语言休谟都说得很流利,但都有浓重的苏格兰口音,无论是他的仰慕者还是批评者都会嘲笑这一点。今天,很少有人再去读休谟的《英国史》,而《人性论》则被认为是哲学史上最重要和最有影响力的著作之一。但休谟自己并不这么认为,他更愿意以历史学家而非哲学家的身份为人所知,他甚至称《人性论》是一本有缺陷的作品。

　　休谟的《人性论》对理性在生活和思想各个方面所扮演的角色形成了巨大的挑战,这与柏拉图等较少持怀疑态度的哲学家的传统背道而驰。休谟认为,理性无法回答意义重大的生命目的或与其相关的问题,无法告诉我们关于上帝、正义、伦理和美的任何实质性内容。他甚至得出结论:"人如果宁愿毁灭全世界而不肯伤害自己一个指头，那并不是违反理性。"对于那些抨击理性与哲学之自命不凡的怀疑论知识分子来说，休谟是他们心目中的英雄；但对于那些理性与哲学的信徒（我们在后边将会看到，黑格尔把理性与哲学夸大到了膨胀甚至怪诞的程度）来说，休谟并不怎么受欢迎。《人性论》是试图扎破理性泡沫的一根针，休谟把理性描绘成一种软弱而被动的能力，是"激情的奴隶"，它没有能力激励人类行动或引导我们思考我们所应追求的目标。他把心灵看作一块白板，在上面印记着各种知觉印象。我们对思想没有先天的知识，我们的理性仅限于比较我们的感觉印象并推断它们之间的关系。考虑到他所持有的存在具有不可能性、圣经历史具有不可靠性的观点，休谟不会把上帝看作道德知识的来源。他认为从逻辑上来说，从自然事实中是不可能推导出道德价值的，这与道德自然主义者亚里士多德的观点是不同的。休谟在《人性论》中有一个著名的论断：对人们来说，突然从描述性陈述（例如，"她是一个女人"）跳跃到规范性陈述（"因此她不应该被允许投票"），而没有任何过渡性的论据来解释价值到底是如何从事实中产生的，这一现象在人类社会中相当普遍。今天，这种从"是"到"应该"的普遍智力飞跃，有时被称为"自然主义谬误"（naturalistic fallacy）或"休谟法则"（Hume's Law）。

　　尽管休谟怀疑从事实中获取价值的逻辑有效性，但他还是对道德感（moral sentiments）的存在提出了一种自然主义的心理学解释（不是辩护！）。他声称，道德感的存在是由人类的自然同情心自发产生的。与霍布斯不同，休谟认为，尽管我们天生自私，但我们也会自然而然地将别人的感受（例如痛苦）转变为我们自己的感受，这个过程他称之为"同情"（sympathy）。我们对道德善恶的自然感觉，源自对他人同情的本能倾向［与他同时代的让-雅克·卢梭也持有同样的观点，卢梭称之为"怜悯"（pity）］。根据休谟的观点，由于我们天生的同情心，我们自然地赞同那些不仅有益于我们自己也有益于他人的品质和行为。因此，虽然上帝和理性都无法作为道德的来源，但休谟对此并不担心，因为同情的情感是我们本性的一部分，这种情感会带来仁爱（benevolence）的自然美德，如慈善（charity）、善良（kindness）和慈悲（humaneness）。自然的倾向和习惯意味着，在道德上我们会不假思索地依赖我们自己的本性对我们的引导，而不需要上帝或理性的存在。虽然这听起来很像亚里士多德的道德自然主义，但它其实完全是描述性的，而不是像亚里士多德那样，是规范性的。休谟所做的，是为人类明显存在的道德行为做解释，而不是为其做辩护。他没有声称这种行为必然是正确的，只是说它是自然的。如果他得出结论说"因为这是自然的，所以这是正确的"，那么他就触犯了自己的休谟法则。

对休谟来说，这些"自然的德"（natural virtue）在历史上被他所称的"人为的德"（artificial virtue）所补充，比如正义的德就不是出于任何自然的动机。商品的匮乏、我们对与己亲近者的偏倚，都可能导致社会冲突。面对这样的处境，人类制造了人为的德以解决实际的问题。他认为，我们对他人的自然的仁爱之心只会延伸到与我们有亲密关系的少数人身上，这种为自己与自己最密切的亲友取得财物和所有物的自然贪欲是"难以满足的、永久的、普遍的、直接摧毁社会的"。因此，人类制定了诸如"尊重私有财产权"和"信守诺言"等公正的正义法则，来软化和约束我们的这种偏倚性。政府是"人类能想出的最精微的、最巧妙的一种发明"，它有效地纠正了我们的激情，使集体生活能够有效运转。休谟也不认同苛刻的"苦行僧式的"基督教美德，如独身、禁食和忏悔，以及古典共和党人（如马基雅维利和卢梭）鼓吹的严格的斯巴达美德；他更喜欢的美德和习惯，是那些能抚平我们天性中的棱角，使我们变得柔和而非刚硬，使生活变得更轻松、更愉快的习惯。休谟的这种偏好完全符合他自己和蔼可亲的性情。

休谟的哲学激进主义使他拒绝政治激进主义。他的普遍怀疑态度使他对任何雄心勃勃的政治计划和宏伟项目都深表怀疑。他对社会的不完善和人类理性的局限性有着非常现实的认识，这使他倾向于温和、务实的改革和渐进、细微的变革，而不是政治理想主义和暴力革命。作为一名怀疑论者，他对通过诉诸理性或信仰来证明其合理性的政治原则持谨慎态度。他认为，不应轻易进行叛乱，只有在"残酷的专制和压迫"的情况下，叛乱才是正当的。只要体制和统治者能够维持和平，不过度压迫或剥削人民，人民就应该服从于他们。休谟的思想启发了后来的保守派政治家、哲学家埃德蒙·柏克。休谟告诫所有的改革派领导人"要尽可能使其创新适应古老的结构，并保留整个体制的主要支柱和支撑"。一方面，休谟的这种保守主义取向使托马斯·杰斐逊给他打上了托利党的标签，并严禁在他所创办的弗吉尼亚大学教授休谟的《英国史》。英国辉格党也是这么想的，认为休谟的《英国史》是一本托利党宣传册。另一方面，大多数托利党人却又把休谟的著作视为反对托利党的宣传册，比如托利党人塞缪尔·约翰逊就把休谟斥为"没有原则"的机会主义者。因此，休谟抱怨说，他因各种各样的原因遭到人们的反对，"人们都攻击我，向我发出斥责、非难甚至厌恶的呼声。英格兰人、苏格兰人、爱尔兰人、辉格党、托利党、国教徒、新教徒、自由思想家、宗教家、爱国者、宫廷中人，都众口一词地对我大光其火"。在他的政治观点中，休谟宣称："我对'事物'的看法更符合辉格党人的原则，而我对'人'的看法则更多的是根据托利党人的既有观点。"自然，这一宣称，完全无助于挽救他在政治上饱受攻击的处境。

18世纪，在休谟的家乡爱丁堡，相对文雅的城市社会开始兴起，休谟对此表示支持。他认为，优雅的陪伴、休闲、学习、贸易和商业都能使人变得柔和与人性化，激发谦虚和矜持，使生活更加愉快，减少狂热和冲突。我们将会看到，卢梭认为这些恰好会起到相反的效果，因此卢梭非常反对上述主张。休谟赞成新闻自由、宗教宽容和私人商业，主张扩大选举权（尽管不是支持民主本身），支持混合制衡的体制和分散的政治权力。

大卫·休谟认同启蒙哲学家们的许多人文价值观，他与这些爱丁堡和巴黎的哲学家们相处融洽。他同时也是一个哲学激进分子，他对理性的力量和重要性的质疑，颠覆了理性时代的许多设想，但他的思想又一直与那些关于理性的设想密切相关。事实上，那个时代的许多批评家都受到休谟思想的影响，包括他对理性进行贬低，强调激情和情感，认为它们是人类行为的终极动机，是我们对所追求目标的信念源泉。这种怀疑论使他在政治上保持谨慎，甚至保守，但并不反动。源于历史悠久的保守传统的休谟思想警示人们，从具体的历史情境中抽象出政治理论，往好里说是徒劳的，往坏里说是危险的。

人类历史上，无论是在18世纪之前还是自18世纪以来，几乎没有任何可以反驳休谟对理性的怀疑态度的论据。但就此而言，也同样没有多少证据能够证明人类天生具有同情心和仁爱，证明贸易与商业具有人性化和文明化的效果。在这些问题上，休谟的怀疑主义无法为他的这些观点提供支持。他似乎对人性固有的温和和正直充满信心，但面对人类令人印象深刻的愚蠢和残忍，这种信念也很难维持下去。不过，休谟总体上温和的怀疑主义和在理智上的谦逊，可能有助于引导我们远离一些最糟糕的、政治上容易犯下的愚蠢行为。

12 让-雅克·卢梭：公民

卢梭 1742 年到巴黎时，还只是一个贫穷的、不为人知的 30 岁日内瓦青年，没有著述、没有工作，也没有接受过正规教育（尽管他很博学）。他的母亲在生他时难产而死，他做钟表匠的父亲在他 10 岁的时候也［因法院通缉］离开了他。但 36 年后，在卢梭去世时，他已经是一位畅销小说家，一位非常成功的歌剧作曲家，并撰写了大量有关教育、伦理、音乐、宗教、语言、政治、经济甚至植物学的书籍和论文。他是伏尔泰的竞争对手，也成为欧洲最著名的人物之一，实现了自己人生的伟大攀登。在 18 世纪末，卢梭的遗体被最激进的革命者——雅各宾派——葬在了巴黎的先贤祠，被奉为"法国大革命之父"。（他的墓碑紧挨着他的老对手伏尔泰，估计这两人都不会安息吧。）20 世纪，卢梭一直被指责是影响（甚或实际导致）浪漫主义、无政府主义、民族主义甚至极权主义的重要人物。他一直是思想史上最为重要、最有影响力、最具争议性、著作最为人熟知的思想家之一。

卢梭曾称自己是一个"充满悖论的人"，此言不虚，毕竟他正是那个喊出了"强迫自由"这一著名口号的人。他曾写过一个卢梭与让-雅克之间的哲学对话，在对话中，两人无法就任何一件事情达成一致。他在自己的教育著作中高度赞扬母乳喂养和父亲对孩子成长的参与，但他却把自己的 5 个孩子都送进了育婴堂（他们中的大多数可能在那里去世了）。他声称自己"极度厌恶革命"，但他激励了法国大革命的领导者——罗伯斯庇尔和圣茹斯特（Saint-Just）都将卢梭视为心目中的英雄。他被列为 18 世纪启蒙运动的重要哲学家，并为启蒙运动伟大的"百科全书"项目做出了贡献，但他又赞扬无知，认为艺术和科学的培养不利于道德。在 18 世纪，卢梭最狂热、最忠诚的崇拜者许多是女性和贵族，但卢梭本人有着极端的性别歧视，并且自称不喜欢和不赞成富有的"大人物"。（"我讨厌他们的等级，他们的冷酷，他们的偏见，他们的小气，以及他们所有的恶习。"）他是他那个时代最受尊敬和最令人着迷的雄辩作家之一，但他几乎没有接受过任何正规教育，并且最后娶了一位目不识丁的女裁缝。他支持审查，特别是针对莫里哀的戏剧的审查，但他又承认"我从不会错过他［莫里哀］的戏剧的任何一场演出"。卢梭是一位受欢迎的作家和音乐家，但他同时又赞许古老的斯巴达传统，即既不容忍写作，也不容忍音乐。他是当时最著名的作家，但他又声称自己"讨厌书籍"，并认为书籍"毫无益处"。

卢梭和洛克一样，是加尔文派新教徒，信仰自然神论。他是天主教的敌人，但他的自传又以奥古斯丁的《忏悔录》（Confessions）为蓝本。与奥古斯丁一样，卢梭对现代文化的影响远不止于他的政治思想；他还创造了一种全新的现代情感，一种全新的思考和感受方式。在很大程度上，正是因为有了卢梭，我们现代人才得以相对任何传统美德更注重真诚和真实。基于自然性善学说，卢梭把社会腐败视为万恶之源；卢梭也被同时代的人认为是反基督教的，因为性善论是对基督教原罪思想的否认。作为进步教育的奠基人，他认为孩子应该接受自然的教育，而不应被成人宠坏。他没有遵守腐化堕落的社会习俗，而是倡导饿了就吃、累了就睡、穿衣不用太讲究，导致许多高雅的巴黎人谴责他为野蛮人。由于相信财富会腐化道德，卢梭摈弃了财富，过着简朴的生活。他是第一个仅仅为了欣赏风景而攀登阿尔卑斯山的人，这让启蒙时代的巴黎人感到惊讶，认为这进一步证明了卢梭的疯狂。

卢梭最著名的政治著作《社会契约论》（*The Social Contract*）一经出版就遭到巴黎议会的谴责，并与迈蒙尼德、霍布斯、洛克和休谟的著作一同被列入梵蒂冈禁书索引（Vatican Index of Forbidden Books）。没有人对此感到惊讶，尤其是卢梭本人。但令卢梭感到震惊和失望的是，这本书在他的家乡日内瓦也被禁了。日内瓦当局下令焚烧这本书，并称如果卢梭胆敢再踏足日内瓦一步，就将立刻遭到逮捕。这深深地伤害了卢梭，因为他一直以自己的日内瓦公民身份而感到自豪（在自己的书被日内瓦封禁之前，卢梭都在自己的作品上署名"日内瓦公民"），并将日内瓦宪法视为宪法典范。他指责是当时居住在日内瓦附近的反教权人士伏尔泰煽动起群众来反对他，并称伏尔泰与统治这座城市的宗教偏执狂结成了邪恶联盟。但连相对自由宽容的阿姆斯特丹也封禁了《社会契约论》，似乎整个欧洲都联合起来反对卢梭，他被迫从一个国家逃到另一个国家，甚至考虑过自杀。绝望之际，他最后只能逃往他一度很鄙视的国家——英国。他曾写道："我从未喜欢过英国和英国人。"尽管如此，英国人还是在卢梭无处可逃时为他提供了庇护，就像英国人后来为马克思所做的那样，但两者都同样对英国的庇护毫无感激之情。在休谟的游说下，乔治三世同意给卢梭发放年金，卢梭却选择了拒绝，就像他拒绝当时的法国国王路易十五给他的年金一样。不得不说，卢梭具有非凡的树敌天赋。

　　尽管在他的有生之年，《社会契约论》并不怎么出名，但现在它已成为卢梭迄今为止最经久不衰、最受欢迎、最具影响力的著作。这本书已经连续出版了两个半世纪，激励了数代民主人士和激进分子，同时也激怒了埃德蒙·柏克等传统主义者和保守派。这本书创造性地将古典元素与现代元素融合在一起，因此很难将其归类；自18世纪出版以来，这本书也一直困扰着它的解释者。卢梭在该书中阐述了政体所应遵循的一般"政治权利原则"（principles of political right）。

　　卢梭的政治理论和霍布斯、洛克的政治理论一样，都是在假设的自然状态下，以天生自私的个体开始的；在这一点上，他是完全现代的。但和他所欣赏的马基雅维利一样，卢梭也借鉴了古代的政治模式，因为两人都清楚，只有古代政治能解决如何在天生缺乏公共精神的个人身上培养一种强大的公共精神的问题；而霍布斯和洛克则并不关注公共精神的培养问题，他们认为没有必要让一个政治体紧密团结在一起。在霍布斯和洛克看来，理性利己主义本身就足以作为维系共同体的纽带；卢梭则认为，如果无法像他所向往的古代斯巴达和罗马共和国那样，培养分清个人利益和公共利益的公民，社会将成为所有人反对所有人的战争。所以说，卢梭是一个"有着古人灵魂的现代人"，他既接受又否定现代性。

在《社会契约论》第一章中有句名言："人生而自由，却无往不在枷锁之中。"与许多作者（如伏尔泰）的主张相反，卢梭从未打算打破政治生活的束缚，让我们回到某种田园诗般的、前政治的自然状态。相反，他分析了使这种政治纽带合法化的方式，以避免主权者和臣民彼此异化。这种异化是专制统治的本质，在专制统治中，权力是由强力而非权利所赋予的。卢梭的"公民"指的是那些为自己立法的人（who make the laws they are subject to），他认为这是唯一合法的政治形式。这是将自由与服从法律调和的唯一方法，在这种情况下，每个人"只不过是在服从自己本人，并且仍然像以往一样地自由"。美国的开国元勋们，如詹姆斯·麦迪逊，从根本上不信任政府，因此特意设计了一个软弱的、制衡的政治体制。托马斯·杰斐逊认为"最好的政府是管得最少的政府"，卢梭则致力于将强大的政府合法化，而不是对其加以限制。的确，限制一个合法政府就是限制政治权利本身，而这是违反正义的。他和洛克一样，都反对托马斯·霍布斯，但洛克反对霍布斯是因为霍布斯捍卫绝对君主，而卢梭则是因为他认为霍布斯捍卫的君主是一个不合法的君主。这也是为什么相对于鼓舞了激进的法国革命者的卢梭，约翰·洛克与美国革命的领导者更为意气相投一些。

卢梭认为，主权应该以"公意"（general will）的形式存在于人民之中，公意应该是法律正当性的来源。公意不仅仅是自私的个人意志的集合。只有当公民自问何为共同利益，而不是他们自己特有的、自私的利益时，公意才会形成。然而，卢梭认为，由于这种公共精神完全不是自然形成的，因此它必须通过"把人变成公民"的制度和实践来人为培养。在人为培养公共精神的话题中，最声名狼藉的便是公民宗教，这是一种国家的宗教，它要求每个人对政体尽责任的热爱更胜于对自己尽责任，这是他从其共和党同道马基雅维利那里所受的启发。两人都认为基督教完全不适合担任该角色，因为它只宣扬"奴役与服从"。事实上，卢梭说，他认为"没有什么比基督教更违反社会精神了"，也没有什么比基督教更"有利于暴政"。这样看来，就不难理解为何《社会契约论》在信奉加尔文主义的日内瓦和信奉天主教的巴黎都遭到封禁了。

卢梭提出，能够诱使自私的个体只考虑公共利益的另一种手段，是他所说的"立法者"（又一个与马基雅维利共用的概念）。这种难得一遇的个体站出来、求助于神的力量，说服人们将其特殊利益置于共同利益之下。卢梭以摩西为例：摩西用律法将分裂的古代犹太人组成一个团结的国家，并声称该律法来自上帝。

尽管卢梭素以天真的理想主义者而闻名，但他非常清楚，他在《社会契约论》中提出的政治原则在现代条件下几乎是不可能被采纳的。它们只适用于古希腊那种相对较小、凝聚力较强的城邦，而不适用于现代欧洲那些他认为已经腐败得无可救药的大型而又复杂的民族国家。事实上，他说科西嘉是现代欧洲唯一一个他的政治学说可能会奏效的地方。这也可以证明，即使卢梭正确地预测了"革命时代"将很快席卷欧洲，但如果卢梭能够活着看到法国大革命的发生，他也不会支持大革命真的去实践他的理论。

卢梭与文明社会的疏离，似乎在他生命的最后十年里变得更为明显。他试图完全逃离人群，显然是为了在一个完全腐败的时代保持自己的正直和美德。他最终得出结论说，这个时代"没有补救的希望"。尽管他在与大自然的交流中获得了一些个人的满足，但他终生对政治充满回避和悲观。他的最后一部作品《一个孤独漫步者的遐想》（*Reveries of a Solitary Walker*）表明，卢梭最后的想法可能是：对一个有德性的人来说，从文明逃离到孤独的乡村是唯一真正的选择。我们应从卢梭的自我认知来理解他对苏格拉底的强烈认同，即一个生活在邪恶时代的好人，因为同时代的其他人被自身的罪恶蒙蔽了双眼，看不到这个好人的美德，而去攻击和诋毁他。这一形象正是苏格拉底作为牛虻和社会批判家的持久魅力之所在。

把卢梭的思想看成疯子的胡言乱语，就像数百年来他的许多敌人和批评者所做的那样，无疑是一个非常严重的错误。毫无疑问，他是一个古怪的人，而且往往很难相处，易患妄想症（虽然也的确是有许多强大的敌人积极地迫害他）。虽然他出于个人的原因与他所处的世界保持疏离，但这一事件的影响远不只是对其时代的一种反应。卢梭作品中的力量和雄辩鼓舞着数代的反叛者、不满者、异见者和局外人，他们在某种层面上都与卢梭一样，对个人在现代社会中的位置深感不安。

卢梭对现代思想最深刻的影响之一，是用真诚与真实替代了古典的善与恶。如果我们现在努力做真实的自己，做正直的人，而不是模仿古代的榜样，那么无论好坏，我们就都是卢梭的追随者。他的另一个重大影响是他非常有力和雄辩地捍卫了人民主权的概念，即人民是政权正当性的最终来源，应无条件地由人民的意志引导国家。从法国大革命开始，18、19世纪的欧洲，普通民众对腐败和自私自利的精英不再抱有幻想，这种民粹主义热潮引发了强烈的共鸣。近来民粹主义政治的回归，以及对日益不平等的社会、对牺牲多数人利益以偏袒富人和权贵的制度的日益增长的不满，使卢梭再次时来运转，成为受人们欢迎的思想家。

13 埃德蒙·柏克：反革命者

1789 年夏天法国大革命爆发时，埃德蒙·柏克已经 60 岁，在英国议会任职了 25 年。他因为支持了一系列不受选民欢迎的政策，降低了他在当地小选民中的支持率，最终导致他失去了之前在布里斯托尔市的议员席位。柏克一贯反对英国人对其美洲殖民地的政策，倡导玉米自由市场，支持与爱尔兰的自由贸易和天主教解放（柏克是土生土长的爱尔兰人，他的母亲是一位天主教徒），曾发起弹劾腐败的孟加拉总督的活动，谴责死刑，反对无限制的王权，支持废除奴隶制。显然，柏克并非顽固的反动分子，因此当法国大革命刚开始时，他最初的反应似乎与他在议会中始终坚持的"自由主义"原则是一致的。他首先写道，巴黎发生的事件是一个"奇妙的景象"，其精神"不得不令人钦佩"。然而，不久后柏克就开始转而反对法国大革命，他的观点很快就发展成对革命的强烈愤怒，并在他最著名的《法国革命论》（Reflections on the Revolution in France）一书中对大革命进行了猛烈的抨击。当时，他所在的辉格党的大多数成员都不赞成他对法国大革命的攻击，他的许多同时代人也被柏克的激烈反对态度所震惊，因为他长期以来一直捍卫在当时不受欢迎的自由主义事业。托马斯·杰斐逊认为柏克的《法国革命论》是"他思想腐朽"的证据。但实际上，并不是柏克过于悲观，而是那些为法国大革命庆祝的自由主义者过于天真。在仍由温和派控制的革命早期，柏克就已经预见到了革命最终会陷入恐怖主义、弑君、大屠杀、无政府状态，并最终走向独裁。

柏克是一位非常复杂甚至自相矛盾的思想家。他是一位捍卫英国宪政的爱尔兰人，一位对法国大革命发动了最有力攻击的自由主义者，一位捍卫贵族特权的资产阶级；他严厉批评腐败的印度殖民地政府，但他自己却接受着政治赞助者的资助，在国会中当选为两个腐败选区的代表；身为一位清教徒，他却为英国国教做辩护，还试图为陷入困境的法国天主教会争取支持。

虽然柏克的《法国革命论》的主题是法国大革命，但它具有超越其研究主题的意义。该书提出并捍卫了一个更具有普遍性的政治和社会概念，成为有史以来最重要和最雄辩的保守主义宣言。柏克说，他对法国发生的动乱感到"震惊"，这使他不得不重新思考那些用以支配政治生活的基本原则。对政治进行哲学思考天然就不具备保守倾向，因为正如柏克所说，对政治进行哲学思考的一个关键点就在于，一般性的抽象原则在政治上是危险的。他认为，当理论和实践相结合时，几乎总会带来麻烦，就像英吉利海峡对岸发生的事一样。由于统治是一门实践科学，而非理论科学，因此我们最好是接受随时间推移而逐渐演变的传统习俗和实践的统治，而不是让习俗去适应源自理性的"疯狂的、幻想的理论"。评估政治政策应以其推动善恶的可能性为标准，而不是以其是否符合真理为标准，因为后者是适用于哲学的标准，而并不适用于实践性的政治。虽然柏克鼓吹说"在道德或政治问题上，不能用理性证明任何普遍性的东西"，但他自己并没有完全践行，也没有完全相信这一原则。

比如，柏克确实肯定了一些普遍的自然正义和公平原则，这些原则是他严厉谴责英国在爱尔兰、印度和美国政策的基础。但他认为，我们不能像他的朋友兼评论家托马斯·潘恩那样，从抽象的人权出发，简单而直接地就推导出一个普遍适用的理想政治宪法。人类对正义原则的认识总是试探性的和易犯错误的，因此我们必须依靠我们独特的习俗和传统来解释这些抽象理想的意义，并用以指导我们的实践。每个社会对正义、自由和平等的意义都有自己的理解。例如，柏克认为，在英国人看来，人的权利已经体现在自《大宪章》(Magna Carta) 以来的习惯法和法律权利上了，这就是为什么他认为美国殖民者的不满是合法的：在柏克看来，美国人的行为是有古老的习惯权利依据的，因为习惯权利认为集中的英国王权是不可取的。他认为渐进且琐碎的政治演变是防止暴力革命的最佳途径。他指出："一个没有变革手段的国家，也就没有保守的手段。"柏克所说的变革，指的是一小步一小步的改变，在保留历史基本核心的同时，对现有的历史实践结构进行微调、精炼和改进。

在柏克看来，关键问题不在于政治体系是否符合一些抽象的理想，而在于政治体系能否有效"运作"，即政治体系能否依据所处的特定环境，促进长时期的和平、秩序和良好统治。这方面唯一可靠的考验是时间，只有时间才能确认一个政治体系的真正可行性和持久性。柏克认为，英国已经很好地通过了这一考验（或许要好过任何一个社会），它现在需要做的是保护自己不受席卷法国的革命蔓延的影响。相比之下，法国大革命的领导人所建立的政治"不是建立在权宜的基础上，而是建立在真理的基础上"，因此其灾难性后果是可想而知的。这就是柏拉图式的哲人王理想与柏克关于政治体应该如何治理政治体的观点相去甚远的原因：在柏克看来，政治应该处理直接的实际问题，而非抽象的逻辑问题；而柏拉图则认为，对数学的长期研究是启蒙政治统治的必要前提，这一观点在柏克看来是危险而荒谬的。在这一点上，柏克更接近于亚里士多德；亚里士多德非常清楚地区分了纯粹的理论理性和实践理性，实践理性需要灵活务实的头脑，而不是哲学头脑。在柏克和亚里士多德看来，最伟大的政治美德是审慎，它不仅是首要的政治美德，而且是"所有美德的指导者、调节者和最高标准"。

柏克的《法国革命论》对比了两种革命，一种是他所支持的，另一种是他所谴责的。一方面，像洛克一样，他为1688年的"光荣革命"辩护。在这场革命中，信奉天主教的英格兰、苏格兰国王詹姆斯被他的女婿、信奉新教的荷兰国王推翻。另一方面，他抨击 1789 年的法国大革命，这场革命以"人权"的名义推翻了旧政权。牧师理查德·普莱斯（Richard Price）在他的一篇颇受欢迎的布道词中表示，法国的革命是对英国先前革命的延续和延伸，这两次革命都表达了关于自由和进步的开明的、世界主义的原则，应该受到欢迎和鼓励。柏克回应了普莱斯的观点，指出虽然自己与普莱斯一样，都推崇温和的"光荣革命"，但他认为法国大革命与"光荣革命"是截然不同的。柏克同意约翰·洛克的观点，认为 1688 年的"光荣革命"是一次受欢迎的革命，它保护了英国古老的宪法不被詹姆斯国王及其狂热的保皇派和天主教支持者的专制倾向所篡夺。柏克深信，英国议会政府经过几个世纪缓慢、琐碎的尝试、犯错、妥协且务实的过程，国王、上议院和下议院之间的微妙平衡已经逐渐形成。英国传统政治方法的优势在柏克看来是显而易见的，英国宪法近乎完美地适应了英格兰（如果说不是整个英国的话）的具体情况，因此在试图对其做出改变时应拿出最大的谨慎和谦卑。一个明智和审慎的政治家应该以"政治审慎"（a politic caution）的态度来对待长期存在的制度和实践，并以历史和经验作为指导，而不是以关于人与政治的普遍学说为指导。柏克强烈反对洛克的论点，即 1688 年的"光荣革命"阐明了"政府存在于被统治者的同意"这一抽象原则。

　　在柏克看来，法国的革命是完全不同的，且也比英国之前的革命危险得多。法国大革命是一场抽象的、乌托邦式的、普遍的"哲学革命",它像病毒一样,具有天然的跨国界传播的扩散趋势,无论它到哪里,都会让整个国家患上革命的病毒。就其本质而言,1688 年的革命是一场有限制的、地方性的革命,不像 1789 年的革命那样,超出了其领土范围。从根本上说,1688 年的革命只是对一个基本健全的政治体系的有益修正,而不是彻底的变革;相比之下,法国发生的则是一场全新的、激进的革命,"一场教义和理论教条的革命"。在 1789 年后,法国已经成为一个"哲学的共和国",由傲慢的、被抽象的第一原则所迷惑的"哲学领主"所统治。这些狂热的"形而上学政治家"沉迷于启蒙运动哲学家的思想和价值观——伏尔泰、卢梭、孔多塞、达朗贝尔、狄德罗,柏克在他的《法国革命论》中对这些哲学家进行了点名批判。柏克是法国大革命的首批反对者之一,他谴责这些哲学家,认为正是他们的思想导致了 18 世纪 90 年代法国政治权威和社会秩序的灾难性崩溃。柏克的这种观点在随后的几十年里变得越来越流行,很大程度上,是他的书推广了"启蒙运动是法国大革命主因"的观点。

　　柏克区分了两种不同的选举代表角色概念。第一种是"委托式代表"(delegate),在议会中表达其选民的意愿;第二种是"独立式代表"(trustee),用自己的良心和判断来决定什么对国家是最好的。在面向其布里斯托尔选民的著名演讲中,柏克向他们承诺,自己将作为他们的国会议员,始终扮演独立式代表的角色，遵循自己的良心行事，而不是扮演委托式代表的角色，于是选民立即投票罢免了柏克的职务（但一个月后，柏克轻松地克服了这一窘境，他在约克郡的马尔顿再次取得了席位，这是他赞助人手里的一个"腐败选区"；虽然继任，但他可能从来没去过那儿，因此托管的问题也不再困扰他）。柏克坚持认为，在审议过程中，作为个体的议员必须只考虑"一个国家、一种利益、全体人民"，而不受他们所代表的特定区域的意见和偏好的约束。但具有讽刺意味的是，柏克的代表观与法国的新革命政权是一致的，法国新革命政权第一部成文宪法就明确禁止当选的代表作为委托式代表为其选民服务。在1790 年的英国，只有 5% 的人口有投票能力，对精英主义者柏克来说，这是支持他"独立式代表"观点的证据；但对民粹主义者卢梭来说，这一事实只是表明了，这个国家本质上确实存在着专制。今天，学习民主政治的学生仍在继续讨论这两种代表概念的优缺点。当许多政客被问到自己到底是哪种代表时，他们甚至会故弄玄虚地说，自己既是委托式代表，又是独立式代表！

　　柏克在他的《法国革命论》中所表现出的预言能力远远超出了法国大革命这一事件本身。他瞥见了欧洲将步入一个全新的、粗俗的时代，一个由"诡辩家、经济学家和精算师"主导的时代；这一趋势在他所处的时代刚露苗头，到了我们这个时代已经大大盛行。他对于不顾具体情境，而把雄心勃勃的抽象理论应用于日常政治中的警告，以及他所提出的普遍的政治怀疑主义（强调社会生活的微妙复杂性和脆弱性），不仅对他所处的时代，而且对今天，都一样具有重要的现实意义。柏克强有力地雄辩道，最为核心和永恒的政治智慧是：改变通常应该以谦卑的态度来进行。但出于对巴黎革命暴徒的恐惧和厌恶，柏克反过来天真地相信，传统家长式的精英与新兴的有产阶层绅士会慷慨地照顾每一个人的幸福；这种观点在英国非常深入人心，是英国政治文化的一个重要特征。因为对传统的敬畏和尊重，卡尔·马克思轻蔑地称柏克为"马屁精"。这种贬低虽然对于柏克来说并不公平，但确有其道理；甚至在马克思之前，与柏克同时代的玛丽·沃斯通克拉夫特就曾对他提出过同样的批评。最后，柏克的政治怀疑主义是有选择性的怀疑主义，会让我们觉得他的政治立场是投机性的。

14 玛丽·沃斯通克拉夫特：女权主义者

在法国大革命正进入最暴力、最极端的阶段时，英国人玛丽·沃斯通克拉夫特作为这一革命的支持者，乐观地（有些人会说天真地）独自一人坐船前往法国；她当时 33 岁，未婚且贫穷，之前做过家庭教师和校长。沃斯通克拉夫特的这一举动在政治上相当于追逐风暴。在此之前，她作为一名独立女性作家，已经习惯于逆潮流而上，在一个强烈反对男女平等的时代倡导性别平等。现在她又主动置身于席卷欧洲的革命风暴的中心。她抵达巴黎时正值国王被执行死刑之际，她后来写道，她目睹了国王"从我的窗口经过"，被送往断头台的场景。共和党人沃斯通克拉夫特被这幅令人心酸的画面所打动，她在给一位朋友的信中写道："当我看到路易坐在马车里，走向死亡，身上却带着超乎我意料的尊贵之气，心有所触的我止不住流下眼泪。"但很快，她自己的生命也受到了威胁。仅仅在两周后，法国就向英国宣战，法国以间谍或反革命的名义，逮捕了数百名在法国的英国公民。就连激进的英裔美国作家托马斯·潘恩也被法国当局逮捕了，尽管他是法国大革命的积极支持者，也是法国的荣誉公民，甚至还曾被任命参加在巴黎举行的全国代表大会。作为潘恩的朋友和盟友，沃斯通克拉夫特完全有理由相信自己也可能会被监禁，甚至可能会在当时法国肆虐的暴力狂潮中惨遭处决。

然而，跟潘恩一样，沃斯通克拉夫特在随后的"恐怖统治"中幸存了下来，雅各宾派通过高效的"人道"杀戮机器——断头台，清除了法国数以万计的"国家敌人"。她在给一位朋友的信中写道："当我想到巴黎的自由事业沾满了鲜血时，我感到悲痛。"但她对法国大革命根本原则的信念是坚定不移的，甚至是坚不可摧的。她甚至写了一本《法国大革命起源和进展的历史观和道德观》(*An Historical and Moral View of the Origin and Progress of the French Revolution*) 来解释和辩护她对革命的乐观态度，即当代的恐怖和暴行最终能够带来"理性与和平的统治"。不幸的是，沃斯通克拉夫特并没有将其对人类的希望延伸到她自己的个人生活中。在写下这些乐观的话语一年后，她两次试图自杀，以摆脱心碎的痛苦。最终，她与无政府主义哲学家威廉·戈德温(William Godwin)相恋，这部分地缓解了她的痛苦，但幸福的时光却是如此短暂，婚后几个月，沃斯通克拉夫特就因难产而死，当时她只有38岁。她的女儿玛丽后来写了《弗兰肯斯坦》(*Frankenstein*)一书，成为浪漫主义诗人珀西·比希·雪莱的妻子。

现在，玛丽·沃斯通克拉夫特最为人熟知的作品是她的《女权辩护》(*A Vindication of the Rights of Woman*)，这本书出版于她移居法国的那一年。在当时，欧洲的女性几乎没有任何法律权利，被排除在公共生活之外，并受到社会规范和惯例的严格限制，无法进入大多数职业和专业领域。因此这本书在当时来看是非常激进的。在大多数情况下，女性被限制在家庭领域内，几乎无法接受到任何其他方面的教育。当女性结婚时，则进一步失去了其本就不多的合法权利——这些权利转移到了她们的丈夫身上；因为在传统的观念中，女性的法律人格是与其丈夫相融合的。这就是为什么沃斯通克拉夫特把家庭生活描述为一个"镀金的笼子""监狱"，在那里，大多数女性无法充分发挥她们作为人的潜能。沃斯通克拉夫特直接地遭受过这种状况带来的伤害，这也是为什么尽管当时社会对女性施加了巨大的结婚生子的压力，但她却直到生命的最后一年才结婚的原因之一。在成为一名作家之前，沃斯通克拉夫特被迫从事一些卑微的工作，这些工作对她这样一个有天赋和抱负的女性来说是枯燥无味的。例如，她曾在爱尔兰一个富裕的家庭中担任家庭教师，但她认为这个职位是有损人格且令人压抑的。作为一位没有经济来源的单身女性，面对这样的困难，敢于选择追求自己的事业，成为一名独立作家，这是一个非常勇敢而冒险的决定。事实证明，沃斯通克拉夫特的这种人生经历跟她的作品一样，都对后来的女权主义者起到了很强的鼓舞作用，并使她成为现代女权主义思想之母。

沃斯通克拉夫特最为畅销的《人权辩护》（*A Vindication of the Rights of Men*），在出版后短短 3 周内售罄，这是她第一部重要的政治著作。在这本书中，她把自己描绘成一个朴素、坚定的中产阶级（本质上是新教徒）美德的代言人，这些美德包括努力工作、节俭、谦逊和自律。她还倡导理性、进步和自由等启蒙价值观，反对埃德蒙·柏克在《法国革命论》中所表达的对传统、贵族特权和世袭君主制的夸张、华丽（甚至是女性化）的辩护。在这本书中，沃斯通克拉夫特并没有向读者提出一个完全原创的或系统的政治理论或方案。她更像是一个公共道德家，而不是狭义上的政治哲学家，在风格上更接近她的朋友、激进分子托马斯·潘恩，而不是托马斯·霍布斯。与让-雅克·卢梭一样，她认为自己所处的社会是道德沦丧的社会，因此充斥着不幸和虚伪，这也是她支持法国大革命的原因。她认为，如果不从对女性的态度开始进行根本的道德改革，就不可能实现重大和持久的政治改革。

　　沃斯通克拉夫特对女性权利的关注挑战了公共领域和私人领域之间的传统分离，这种分离可以追溯到亚里士多德，且几乎遍及整个西方政治思想史。20世纪女权主义运动的口号"个人的即政治的"，在她的论点中就已经存在了；她认为，在传统意义上，被认为是非政治的制度，如婚姻和家庭，恰恰是压迫妇女的根源，并且与传统的政治问题直接相关。这就是为什么她把社会态度视为政治辩论的一个问题。虽然政治权利是必要的，但如果不对更广泛的文化和道德进行根本的改革，这些权利本身并不足以解放女性。对于沃斯通克拉夫特来说，有意义的政治变革取决于传统观念中对女性能力判断的彻底颠覆，以及她所钦佩的法国启蒙运动的哲学家们曾为之奋斗的那种更广泛的道德革命。她热情地支持法国大革命，而在女性权利方面，她的诉求比法国大革命还要激进。她认为，法国大革命在女性权利这一点上是令人失望的，它没有把政治权利扩大到女性，更不用说在性别关系方面发起更为广泛的社会革命。她认为，改变公共领域中公民之间的关系需要从根本上改变私人领域中丈夫和妻子之间的关系，使他们成为平等的伴侣关系，正如政治需要建立在不同性别的平等个体之间的公民友谊之上一样。她把传统婚姻视为一种"合法的卖淫"，并谴责将女性视为被动依附于其丈夫的可有可无的装饰物的流行观点；在这种观点看来，女性的丈夫是其依靠，丈夫的快乐是女性生活的主要目的。沃斯通克拉夫特希望男性和女性在所有领域都得到平等对待，因为只要在一个领域不平等对待他们，必然会破坏其他领域的平等。她认为，法国大革命是一个良好的开端，但对于解放女性的事业来说，它还远远不够，因为女性依然被排除在公民权利之外。

沃斯通克拉夫特《女权辩护》一书的中心主题是：女性的教育、教养和家庭生活以取悦男性为目标，这使她们的思想变得暗淡、狭隘。这使女性成为"感情动物"，而不具有理智；女性被她们过度发展的激情而非理性所支配，最终导致了她们思维的弱化和欠发达。女性不平衡的外在生活是其不平衡的内在生活的反映。当她写到她希望说服女性"变得更男性化"

时，她的意思是指，她想要扩展、强化她们的思想，这样女性就可以像男性一样为自己而思考和行动。传统的女性观念强调精致、性感和优雅，沃斯通克拉夫特认为，这导致了女性在思想和身体上的弱化，因此需要依赖于男性，无法在家庭领域之外发挥作用。她对传统性别概念的质疑，就像她对公共领域和私人领域之间的传统区分的批评一样，在当时看来是非常激进的，甚至直到二战后西方女权主义运动爆发之前都一直如此。

　　沃斯通克拉夫特呼吁对女性教育进行彻底改革，并将其作为更广泛的政治解放的关键部分。她出版的第一本著作是《女教论》(*Thoughts on the Education of Daughters*)，该书基于诚实、自律和理性等资产阶级价值观，为女性读者提供了育儿方面的实用建议。虽然她赞同卢梭的以儿童为中心的进步教育原则，但她反对卢梭将男孩和女孩分开、针对不同性别开展不同教育的观点，她还在后来的《女权辩护》中花了很大的篇幅来反驳卢梭对女性的总体态度。尽管卢梭在政治和教育方面有激进的思想，但他认同西方的主流思想，即坚持将私人领域和公共领域严格分开，每个领域遵从自身的特定原则。他认为，女性会对公共领域构成威胁，因为她们缺乏天然的正义感，因此应该将其限制在私人领域中。但是沃斯通克拉夫特回应说，即便确如卢梭所言，女性缺乏天然的正义感，那也只是因为在传统社会，女性被剥夺了进入公共领域的权利，缺乏发展正义感和政治美德的机会。女性能力的缺乏应归罪于教养（nurture），而非天性（nature）。她强烈反对传统的以性别为基础的教育方式，赞成单一的男女同校教育体系，就像柏拉图在《理想国》中所做的那样。对男孩和女孩的教育都应强调分析性思维与实际技能，使每个人不论其性别如何，都能在家庭以外更独立地生活，并能开阔思想，积极承担公民的职责。沃斯通克拉夫特坚持认为，公共领域中的普遍自由和平等，也必须在婚姻、家庭和工作等私人领域中普及开来。二者缺一不可，这对卢梭和法国革命者来说，是不能理解的。

　　自18世纪晚期以来，西方及其以外许多地方的妇女的政治地位都发生了彻底的变化。现在，男女享有正式的公民平等地位，同样的法律权利和自由。但沃斯通克拉夫特认为，这还不够。女性的全面解放需要在更广泛的文化及其对女性的普遍态度（包括既定的性别观念）方面进行一场革命。她希望女性能够在生活中获得跟男性同等的教育和选择机会，这样她们就会有同样的可能，过上充实的生活，并开发她们的潜力以发挥出自己的才能。我们将会看到，这同样是19世纪末约翰·斯图亚特·密尔所坚持的观点，虽然在当时并未成功。沃斯通克拉夫特认为"男人和女人本质上是一样的"观点在当代仍然存在激烈的争论，尤其是在女权主义者内部。在18世纪，她站在传统主义者的对立面，这些传统主义者认为，不同性别之间存在着本质的差异，因此应以不同的方式对待不同的性别。今天，一些女权主义者也坚持这种本质差异论，批评沃斯通克拉夫特关于女性应该"变得更男性化"的观点。这在某种程度上，是一场涉及现代科学的争论，因为它既关乎价值，也关乎事实。考虑到沃斯通克拉夫特自己对理性和科学的执着，我们可以肯定，她至少会希望我们可以在性别问题上保持开放的态度。

15 伊曼努尔·康德：纯粹主义者

伊曼努尔·康德出生于波罗的海沿岸的东普鲁士柯尼斯堡（现俄罗斯加里宁格勒市），这个城市后来在第二次世界大战中被彻底摧毁了；康德在柯尼斯堡生活了79年，度过了他的一生，据说他从未冒险离开过他的家乡。在安静的乡村，未婚的康德过着一种默默无闻的、僧侣般的生活，日复一日，一成不变。但在他70岁时，康德的平静生活被一封来自国王的信打断了，这封信谴责了康德作品中对宗教的批判。当时普鲁士正在与革命中的法国交战，因此普鲁士政府非常紧张，极力镇压持不同意见者。康德对法国大革命是持同情态度的，并赞同其反教权的观点，因此普鲁士政府勒令康德不得再发表或公开谈论宗教问题。"如果做不到这一点，"这位虚弱的教授被警告说，"你就一定会为你的顽固而面临令人不快的惩罚。"康德照做了，直到国王去世。

许多人对康德在这个场合屈服于国家既感到惊讶，又感到失望，因为这似乎与他坚信自由、忠于真理的观点相悖。他声称，作为一个公民和哲学家，他应该享有运用自己的理性来启蒙公众的自由，并享有公开批评现有权力和法律的自由，就像我们今天所说的，他应该"对权力说真话"。但作为一所公立大学的教授，康德本质上也是一名公务员，因此他又觉得自己必须服从国王的命令，就像必须服从命令的士兵一样。作为个人我们享有被赋予的权利，但作为公职人员我们又应负起职务所要求的责任；他给那些在两者之间左右为难的人的建议是："想说多少就说多少，想说什么就说什么，但要服从！"实际上，这意味着一方面思想应该自由地追随理性的指引，但另一方面国家制定的法律和法令最终又必须得到遵守，即使它们与真理相悖。

　　回想一下，2200 多年前，苏格拉底也面临着同样的困境；他既是一位致力于真理的哲学家，又是一位守法的雅典公民。和康德一样，他发现自己被夹在哲学和政治的相互冲突的要求之间。苏格拉底继续他的公共哲学，因此最终被他的同胞们以不敬雅典众神的罪名判处死刑，正如康德因攻击普鲁士的国教而受到"令人不快的惩罚"的威胁一样。然而，在苏格拉底被处决前，一位朋友提出安排他越狱的计划，但这位哲学家拒绝了。苏格拉底说，作为一位公民，他有义务尊重使他长期自由和平地生活其中的城邦的法律，即使现在这些法律要将他判处死刑。苏格拉底和康德一样不是无政府主义者——争论，但服从！

　　尽管康德身处启蒙时代，致力于自由、开放政府和个人权利，但他认为革命在任何情况下都是不正当的。无论君主颁布的法律是什么，人民都必须遵守，因为反抗是对所有法律秩序的破坏；正如霍布斯所言，即使国家和法律是糟糕的，也要好过没有国家和法律。我们可以也应当批评政府，但我们绝不能推翻政府。康德认为，反抗暴君"在最高程度上"是错误的，这与洛克的观点形成了鲜明对比。洛克认为，当统治者违反建立政治社会的最初契约时，臣民就不再有服从的义务。而康德则称这种行为是叛国罪，应处以死刑，并认为只有那些不主张推翻宪法的观点才应当得到容忍。他在这一点上的立场十分明确："人民有义务容忍对最高权力的任意滥用，即使觉得这种滥用是不能容忍的。"

然而，在康德看来，没有一个君主能凌驾于道德律（moral law）之上。道德律禁止统治者命令或强迫其公民做出诸如说谎或谋杀等不道德的行为。人们可以以普遍的权利原则来评判君主，公开批评君主，但最终仍要服从于君主。康德认为，任何君主都不应因为颁布了不公正的法律或犯下错误的政治行为而受到惩罚，即使这些行为可以而且应该受到道德上的审判。虽然维护道德不是国家的责任，而是个人的事情，但康德写道，国家必须以与道德相一致的方式行事。"真正的政治，"他说，"不先向道德宣誓效忠，就会寸步难行。"

那么，每个人（包括统治者）必须服从的道德律是什么呢？我们又如何能够知道它呢？对康德来说，它包含在人类的普遍理性之中，因此每一个理性的人都有可能理解它。也就是说，至少对人类来说，道德律是普遍性的；但对动物来说，因为它们不是理性存在者，所以道德律不能直接适用于它们。我们的理性本性赋予了我们一种独特的地位，要求我们尊重彼此和自己，把人当作自身的目的，而非达到其他目的的手段。康德认为卢梭向他展示了所有人都有与生俱来的尊严。对此，他说："卢梭纠正了我的错误。"根据康德的观点，尊严不是我们通过实践经验发现的，而是由我们自己的理性所发现的，这使得它直接就是可知的、无可辩驳的。道德对所有人都施加了绝对的义务，要求所有人都绝不能利用任何人（包括他自己）来达成其他目的，因为这样做就是不尊重人作为理性存在者的特殊性，使人沦落到了工具的地位。政府有责任按这一道德义务来颁布法律，尽管作为公民，我们从来没有理由反抗违反这一道德义务的统治者。

康德是一个道德的绝对主义者。因为道德是由我们的理性所支配的，所以它是无条件的，也就是说，在任何情况下，每个人都必须遵守它。它从不承认任何例外，甚至比逻辑和数学都严格，因为所有这些都是"理性的事实"（facts of reason），情境并不对它产生影响。道德由有绝对约束力的律令构成，这些律令是纯粹的、无条件的。这就是为何康德坚持认为，权利"永远不需要适应于政治，而政治却任何时候都需要适应于权利"。在康德的道德世界中，尽管在道德的边界中审慎和灵活性可以适当地发挥作用，但在原则上，康德没有给权宜之计、含糊其词或妥协折中留下任何余地。例如，他认为说谎在道德上是错误的。这意味着，无论结果如何，撒谎这一行为在任何情况下都是不可接受的，因为撒谎不具有道德性。对康德来说，在道德中最重要的是一种内在的善良意志，而不是外在好的结果，对于结果，我们无法控制，因此我们无法对其负责。尽管马基雅维利认为撒谎对君主而言是一种不可或缺的手段，但对康德来说，即使说真话可能会导致大规模的死亡，导致个人和国家的毁灭，但撒谎本身依然应被绝对禁止。事实上，康德更进一步，称赞"fiat iustitia pereat mundus"（即使世界毁灭，也要实现正义）这一格言是"权利的正确原则"。你可能还记得马基雅维利发展到极致的观点：君主的罪行，即使"行为使他蒙羞，结果将给予宽宥"。不过康德也承认，尽管你在任何情况下都绝对不能说谎，但保持沉默、隐瞒真相在道德上是被许可的。

　　康德对家长制的强烈反对源于他对人类尊严的尊重。他认为人类尊严是自然界中唯一无条件的善，而家长制则违背了这种善；家长制政府就像好心的父母对待子女一样，强迫其公民为了它的利益违背其自身的意愿行事。这种家长制无论怎样开明和仁慈，仍然是"可能想象的最大的专制主义"，因为它把理性的人当作了达成目的（他们自己的幸福）的手段，而不是目的本身。出于同样的原因，康德认为，保障公民的福祉或幸福不是国家的职责；这与亚里士多德（以及后来的玛莎·努斯鲍姆）的观点相反，亚里士多德认为保障公民福祉是政治生活的最终目的。康德认为幸福是一个模糊的主观概念，不像理性，是客观的和绝对的。因此，政治设计应该是制定一个稳定的法律和制度框架，允许个人在其中过一种道德的生活，并以自己独特的方式获得幸福，这一立场深刻地影响了 20 世纪晚期的自由主义思想。对康德来说，正义的政体应当是由宪法来统治的政体，这一宪法赋予其公民在保障他人自由的前提下的最大可能的人类自由。各国政府必须积极维护个人自由，这有时意味着需要强行消除那些阻碍个人自由的障碍。例如，逮捕一名威胁他人的公民，并使他无法自由行动。这就是康德所说的"阻碍自由的障碍"，一种用以保障自由的法律力量。它也可以证明那些支持因无法自理而使得自身自由受到削弱的人的福利政策是合理的，只要这些福利政策不是家长式地强加给受支援者的。

基于如此强烈的道德观，康德对民主持非常谨慎的态度也就不足为奇了。在康德看来，民主"必然是一种专制主义"。他所说的"民主"是指古代雅典实行的那种直接的参与式民主，而不是今天典型的代议制民主。康德关心的是保护个人权利和自由不受自上或自下的专制统治，他与 19 世纪的自由主义者约翰·斯图亚特·密尔和阿历克西·德·托克维尔有着同样的担忧。他赞成建立一个有限的宪政国家，在这个国家里，政治权力受到符合道德的法律约束，公民的公民权利不受任意行使的权力的侵害，包括不受来自"不进行独立思考的群氓"的任意行使的权力的侵害。尽管康德非常尊重卢梭（卢梭的画像就挂在他的书房里），但他并不赞同卢梭关于民主统治的信念，因为民主统治很容易变为暴政。对康德而言，理想的、安全的政府形式是将立法权和行政权分开，将权威、自由和代议制民主（而非直接民主）混合在一起的政府形式；因此只有少数的独立、有财产的男人（不包含女人，尽管康德"慷慨地"赋予女性"被动"的公民地位）可以积极参与到法律的制定中。在这一点上，康德更接近保守派休谟，而非民粹主义者卢梭。

在一个国家之间不断交战的世界中，一种符合道德法则的国家政治设计，将永远处于危险之中。因此，康德提议，所有国家应联合起来，组成一个致力于永久和平的、世界性的国家联盟。他确实认为，每个人都有道德责任来促成这一理想，因为这是唯一符合普遍道德律令的理想，这种普遍道德律令同样支配着我们的理性。他乐观地认为，随着时间的推移，世界历史会一直前进，并将继续朝着和平的方向前进，尽管速度缓慢——康德一生都在波罗的海学术界过得非常安全舒适，因此他最后得出这样的结论毫不奇怪。

事实证明，康德的道德唯心主义对约翰·罗尔斯等现代学术型哲学家极具吸引力，罗尔斯在新英格兰时提到过对康德的赞赏。我们将看到，罗尔斯影响深远的著作《正义论》促进了康德哲学在20世纪晚期的复兴。实际上，至少在西方，当代道德哲学和政治哲学对话的术语，基本上都来自康德。而且在学术的象牙塔之外，康德的著作对今天国际法和有关全球正义与人权的政治讨论有着巨大的影响。在这个不断被战争、剥削和暴行蹂躏的世界上，康德对人类内在尊严的根本信念变得极具吸引力。

但康德未能完全驱散休谟的幽灵，休谟令人不安的怀疑主义仍萦绕在我们心头。虽然康德相信理性是绝对道德真理的可靠来源，但他自己也承认，这种绝对道德真理的根本基础是神秘难解的。许多怀疑论者在他的普遍主义中发现了一些非常狭隘之处，在他对道德纯洁性的追求中看到了一些相当邪恶的东西。我们很难想象可能存在任何政治或社会制度，能够在康德所坚持的绝对道德约束下正常运作。例如，康德完全禁止说谎，"不允许任何权宜之计"，这要么会导致政治灾难，要么会把所有政客都变成伪君子。马基雅维利说过，出于道德原因，谎言是日常政治中不可或缺的一部分；康德也说过，同样出于道德原因，谎言从未在政治中占有一席之地。一种观点认为，政治家必须不断说谎；另一种观点则认为，政治家绝不能说谎。这两种极端的道德和政治立场之间，还有着很大的空间。

16　托马斯·潘恩：政治煽动者

托马斯·潘恩是其所处时代最具影响力、最为人熟知的革命倡导者，被君主视为心腹之患；但颇具讽刺意味的是，他差点因为公开反对处决法国国王而遭斩首。尽管潘恩是废除君主制的热情支持者，但他反对将这位被废黜的法国国王送上断头台。相反，他提议将国王流放到美国，这对当时和现在的许多法国人来说，都要比上断头台还不幸。为此，再外加其他一些罪行，当时居住在法国的潘恩被法国大革命政府逮捕了。潘恩被捕入狱后，跟一群次日即将被执行死刑的囚犯关押在了一起。他们的牢房门上用粉笔做了记号，以便狱卒们在第二天早晨押送犯人上断头台时，知道是谁被判了刑。但那天晚上做记号时，潘恩的门是开着的。因此，当狱卒们第二天来收押死刑犯时，潘恩那关着的牢房门上看不出任何粉笔痕迹来，就这样，他幸免于难，没有和其他人一起被处决。之后，下令处死潘恩的激进革命者很快被潘恩所支持的较为温和的革命者所推翻，于是，潘恩在入狱近一年之后获释。潘恩和他的朋友玛丽·沃斯通克拉夫特一样，从未真正动摇过对法国大革命的信心，尽管两人都在法国有过濒临死亡的经历。

和沃斯通克拉夫特一样，潘恩也投身于巴黎的革命斗争中，撰写了一本非常具有煽动性的小册子——《人的权利》

（*The Rights of Man*），这本书的销量甚至超过了他早期最畅销、为美国革命做辩护的《常识》（*Common Sense*）一书。就像沃斯通克拉夫特的《人权辩护》一样，这本书是对埃德蒙·柏克猛烈抨击革命的直接反驳。柏克反对法国大革命态度之激烈令潘恩感到震惊。潘恩个人是认识并喜欢柏克的，而柏克称潘恩为"伟大的美国人"，至少在法国大革命之前是这样的。然而，在法国发生的事情把潘恩和柏克推向了相反的立场，正如他们把革命后出现的新政治世界划分为"左""右"两极一样；并且在新世界政治阵营的划分中，两人分别为两种相互竞争的政治思想传统提供了强有力的理论支持。

　　潘恩对其所处时代政治事件的影响怎么夸大都不为过。他的书和小册子仅在美国就有数十万人阅读（当时美国人口只有250万），同时也对英国在北美的13个殖民地、整个北美甚至法国的革命事业起到了巨大的推动作用。即便如此，潘恩还是过着非常简朴的生活，因为他拒绝保留自己作品的版税权利。潘恩是激进思想的普及者，具有用简单而振奋人心的语言表达思想的天赋。后来的美国总统约翰·亚当斯曾略带夸张地写道："如果没有潘恩之笔，华盛顿之剑会徒劳无功。"潘恩1774年从他的祖国英国来到宾夕法尼亚，这对于美国来说，可谓是在恰当的时间、恰当的地点，一个恰当的人出现了，至关重要的是，这个人还以恰当的方式表达了恰当的思想。

　　值得一提的是，当潘恩在叛乱爆发前几个月抵达美国时，时年 37 岁，且几乎没有接受过正规教育，完全不为人知，就像之前身无分文的卢梭到达巴黎时一样。美国独立运动开始不久后的 1776 年，《常识》发表。它就像一颗炸弹一样，几乎在一夜之间把潘恩从默默无闻推向了成名之路。他从英国带来了自己激进的政治思想，这种思想在 13 个殖民地居民愤怒的起义情绪中产生了强烈的共鸣。

　　潘恩直言不讳、慷慨激昂地告诉他的殖民地同胞，君主政体是一种非法的统治形式，天生容易滋生腐败和暴政；美国应该与英国彻底决裂，以建立一个人民享有主权的新共和国。为了达到这一目标，他没有在暴力面前退缩。他把美国革命描述为具有全球意义的世界历史事件。美国革命所依据的原则——自由、平等和民主——是普世性的，因而他支持这些原则，而且在他看来，其他所有人也应该支持这些原则。潘恩写道："让我无法抗拒地支持这项事业的，不是这个地方，也不是这些人民，而是这项事业本身。"他站在了叛军一边，因为他们的事业是"全人类的事业"。这正是美国"例外论"的由来。这种观点相信，美国的建立是人类历史上一种全新的创造，美国具有带领世界走向自由和共和主义的伟大使命。今天，这一观点在接受潘恩思想的国家依然受到欢迎。他告诫读者要彻底摒弃过去，在北美建立一种基于理性、平等和自然权利的全新的政府与社会形式，从而"让世界重新开始"。1776 年，他预言："一个新世界的诞生为期不远了。"并且提出，如果殖民者能够成功地建立一个体现上述原则的新政体，那么"对未来的人类而言，当前这一代人的形象无异于新世界的亚当"。

潘恩抨击君主制和贵族制，最主要的是因为他与卢梭一样，相信主权的唯一合法基础是人民。尽管潘恩提出了一个在当时看来非常激进的观点，即拒绝以受教育水平和财产为标准限制投票资格，但他依然没有提倡直接民主或普选。与美国和法国的其他革命者一样，他所设想的投票权也仅限于男性；在这一点上，他的朋友沃斯通克拉夫特也未能说服他。在18世纪的理解中，潘恩属于共和党人，而非民主党人，这意味着他支持人民具有选举代表的权利，而不是直接参与执政的权利。他还认为，人民的主权意志应该受到国家主要目的——保护其成员的自然权利——的约束。在这一点上，潘恩更贴近于洛克，而非卢梭；因为对卢梭而言，公意是绝对的。但即便是潘恩提出的共和代议制政府的想法，对大多数美国开国元勋来说也太过了：例如詹姆斯·麦迪逊，他始终对暴民统治感到恐惧，并主张在政府内部进行广泛的制衡，以遏制民意的力量；约翰·亚当斯抱怨说，潘恩的理想"过于民主，没有任何约束，甚至没有试图达到任何平衡或制衡，因此它必然会导致混乱和邪恶"。

在革命问题上，潘恩支持洛克的观点，反对霍布斯的观点。在霍布斯看来，没有政府就没有社会：推翻政府将摧毁社会，使我们重新陷入所有人对所有人的战争。相反，和洛克一样，潘恩认为社会的存在并不依赖于政府。社会会自然出现，以更好地满足我们的需求，而政府则是后来出现的，人们建立政府以"抑制我们的恶"，保护我们免受他人伤害。他说，社会是人民的福祉，而政府则是一种"必要的恶"。当国家践踏我们的自然权利时，没有政府的社会不仅是可能的，而且是可取的；在这种情况下，政府甚至成了一种"不必要的恶"，应在必要时用武力将其清除。对潘恩来说，我们的自然权利是一种"稳固的原则"，我们可以据此判断一切政府的合法性。

如果政府起源于保护我们的自然权利的愿望，那么这些权利又从何而来呢？根据潘恩的说法，它们源自上帝，就像美国《独立宣言》中所说的："我们认为下列真理是不言而喻的：人人生而平等，他们都被他们的造物主赋予了某些不可转让的权利，其中包括生命权、自由权和追求幸福的权利。"这也是潘恩的观点：政府的道德基础从根本上来讲是神圣的。尽管潘恩否认这涉及信仰行为。他相信，任何不受情感、偏见、习惯（这些恰恰是柏克所珍视，并认为是社会和政治秩序之基础的东西）所蒙蔽，而去聆听"理性和自然的朴素的声音"的人，都能直接发现关于上帝和道德的知识。

和启蒙时代的大多数重要作者一样，潘恩是一位自然神论者，信仰一个普世的、仁慈的、理性的创造神。对潘恩来说，理性和证据是真正知识的唯一来源，而那些有组织的启示宗教并不基于任何理性或证据，因此他对这些宗教都严加批判。

他对基督教的严厉攻击，使他后来在美国声誉受损。1809 年，也就是在他去世前几年，潘恩重返美国，当时恰逢一股宗教狂潮开始席卷这个年轻的国家。尽管潘恩像反对宗教狂热主义一样反对无神论，但因为他的反基督教立场，许多人依然谴责他是"肮脏的小无神论者"（这是后来的美国总统西奥多·罗斯福给他的称号）。潘恩甚至还曾帮法国的自然神论信仰者建立了一个新的"神人爱诚"教堂（Church of Theophilanthropy）。他借助 18 世纪对自然神论的流行辩护，比如来自设计的论证（今天被称为"智能设计"），来证明上帝的存在。即便潘恩的确读过休谟在《自然宗教对话录》一书中对这些观点的强有力的批评，但潘恩在《理性的时代》（ *The Age of Reason* ）一书中为自己的道德和宗教观点辩护时，显然没有认真对待休谟的批评。这是令人遗憾的。因为潘恩把自己的伦理和政治原则都建立在他的宗教论点的基础之上，但这些宗教论点却早已遭到了休谟毁灭性的批判。

休谟和潘恩真正有共识之处是，他们都认为商业是人类历史上一股重要的文明力量。两人都乐观地相信，当政府对市场慎重地进行监管并予以纠正时，市场的力量就能够协调相互竞争的利益，整合社会，促进人类福祉。潘恩和休谟都希望通过商业促进国家之间与国家内部的团结。潘恩谴责"政府那只贪婪之手伸进工业的各个角落和隙缝，从人民大众中攫取赃物"。但具有讽刺意味的是，潘恩年轻时曾在英国为乔治三世当过税务员；这一点被潘恩的论敌们发现了，显然他们不会放过任何一个能够证明他虚伪的机会。

　　尽管潘恩认为私有财产是上帝赋予的权利，国家应该予以保护，但他也支持国家有为了公共利益而没收私有财产的权力，他的这一立场加深了人们对其思想连贯性的质疑。潘恩个人曾经从国家没收私有财产中受益，当时纽约参议院从一个流亡的反对独立者手中没收了一个小农场，并把这个小农场转送给了潘恩；尽管潘恩后来抱怨说，他应该得到更好的东西。潘恩在谈到这种没收行为时写道："这并不是一种报复行为，而是一种受苦受难民族的温和怨恨。"他还支持一种直到20世纪才得以实现的税收制度，即限制财富的不平等，建设基金以发展公共福利、社会保险、穷人的免费公共教育和老年人的养老金。潘恩还提出了一项更为激进的公共政策，即在每个公民年满21岁进入社会时，一次性向其支付15英镑，相当于给了每个人一个奋斗成功的机会。尽管潘恩不是社会主义者，甚至不是社会民主党人，但在他去世后，他提出的一些主张依然激励了许多左翼甚至极左人士，比如他主张对富人征税，以为那些需要福利救助的公民提供一些共同福利。

　　潘恩关于建立商业共和国的提议并不能打动休谟和卢梭，因为他们两人都认为共和主义的美德与商业社会是格格不入的。他们认为，在两者之间，只能择居其一，因此休谟选择了商业，卢梭选择了共和主义。回看今天的美国，我们会发现休谟和卢梭说得很有道理。商业在美国占据主导地位的时间太长了，以至于人们只会觉得共和理念古怪。潘恩乐观地认为，在相对较小的、以农村为主的早期美利坚合众国可以实现商业主义和共和主义的结合，但这种结合在当今社会已经是不可能的了。正如卢梭所见，共和国只有在小范围内，在简单、团结和平等的条件下才能真正蓬勃发展，而商业社会往往会破坏这些条件。当今绝大多数人口居住在大规模、复杂、全球化和日益不平等的资本主义社会中，这使得共和国得以蓬勃发展的那些条件实际上已经不可能维持了。

在潘恩生前，他的著作已经获得了极大的成功，其部分原因在于他的叙述能够将美国和法国正在发生的事件与人类进步和启蒙历史有力地联系起来，这对许多希望明天更加美好的普通百姓具有极大的吸引力。只要这种乐观的叙述仍然具有吸引力，它就会继续鼓舞读者。但正如我们看到的，在思想史上，也有很多其他强有力的叙述与之竞争。

17　格奥尔格·威廉·弗里德里希·黑格尔：神秘主义者

　　1806 年，拿破仑打败了普鲁士军队，随后占领了耶拿 —— 格奥尔格·威廉·弗里德里希·黑格尔的学术之乡。据说，这位德国哲学家在看到拿破仑胜利进入耶拿城后，敬畏地说道："今天，我见到了在马背上驰骋的世界精神。"自称世界知识专家的黑格尔，有着非凡的哲学想象力和雄心：他渴望解释一切，从原子物理学到现代政治。这种宏大的哲学抱负在一些哲学家看来是可笑的、自大的，而在另一些哲学家看来则是令人震撼的、鼓舞人心的。

　　尽管一些当代的"黑格尔派"曾试图预测未来，但黑格尔本人坚持认为，哲学必须向后回顾，因为我们只能通过回顾才能理解事物，他说道："密涅瓦的猫头鹰（智慧的象征）只在黄昏时起飞。"虽然生活必然是前瞻性的，但只有通过回顾，我们才能理解生活。虽然黑格尔没有预测到拿破仑的胜利 —— 更不用说"历史的终结"了，但他确实试图从哲学上解释那一（短暂的）胜利。根据黑格尔的观点，人类所有的历史都是神性（黑格尔所说的"精神"）在追求人类自由的行动的展现。历史是"神义论"的，即历史是关于神圣正义的故事。个人领袖、阶级、国家和帝国都在历史的审判台与砧板前出现。善似乎经常被打败，恶则经常胜利。但没有任何事情是偶然发生的：每一个历史事件都以其自身的方式标志着理性和自由的进步，尽管这通常只有在回顾时才会显现出来。在《圣经》的历史中，神的旨意甚至把以色列的"失败"变成了最终胜利的工具。同样，在世界历史中，黑格尔所说的"理性的狡计"确保了即使是战争、奴隶制和帝国主义，最终也都是有助于促进人类自由的。

黑格尔认为，即使是在其"毁灭的狂暴"中，法国大革命对于摧毁法国的封建秩序和解放人类的个性也是必要的。因此他每年都会庆祝巴士底日，并为法国大革命祝酒。但他也认识到了法国大革命的局限性：大革命受到自由、平等和博爱这些纯粹抽象理念的鼓舞，是完完全全否定性和破坏性的，它只能摧毁旧的政权，而不能建立新的政权。历史所需要的不是一场反革命来破坏进步，或者试图恢复原状，而是需要一位领导者来巩固大革命的成果，建立一个稳定的、可行的新政治秩序。因此，拿破仑通过打败其反动对手"拯救"了革命。如果说革命是正题，反革命是反题，那么拿破仑就是一个暂时的合题，将所有公民（首次将犹太人也包括在内）在法律中所具有的平等性与传统专制政体所具有的稳定性结合起来。当然，拿破仑的最终失败也可以在黑格尔的理论中得以解释：拿破仑试图将法国的政治制度与法律强加于西班牙和俄国，这导致法国的"普遍主义"遭到了来自民族传统的暴力反抗。

　　虽然黑格尔认为拿破仑对欧洲专制制度的破坏是必要的，但他同时又坚决反对法国帝国主义和普鲁士封建传统主义。从这场致命的冲突中，他看到了一个可行的现代宪政国家的合题的出现。在这种国家中，法治保护了人类的平等和自由，同时这一国家又依然符合普鲁士君主制、官僚主义和农业的传统。黑格尔将现代普鲁士国家描述为上帝在历史中的前进：是现代自由在传统制度背景下的胜利，是普遍理想在地区性背景下的实现。

　　由于黑格尔提出了一种全面的政治理论，将从家庭、道德、习俗到市场、法律、政府的一切都纳入其中，所以他的理论常常被误解为某种程度上的"极权主义"。确实，第二次世界大战中，东线的激烈战争被描述为希特勒的右翼黑格尔主义和斯大林的左翼黑格尔主义之间的斗争。希特勒的法西斯主义和斯大林的马克思主义确实都与黑格尔的思想有联系，但是它们都是对黑格尔思想的扭曲。毫无疑问，黑格尔会将法西斯主义与社会主义视作对现代工业和大众社会之挑战的必然反应；他还会指出，通过摧毁普鲁士和俄国的贵族，法西斯主义和社会主义都可以为现代社会民主的成功铺平道路。事实证明，希特勒的确无意中促进了战后德国的民主——这是黑格尔所称的"理性的狡计"的一个很好的例证，也就是说历史通过最不可能的策略实现了其自由的目标。所有看似糟糕的事情最终都有一个好的结果——理性和自由的发展。因此，黑格尔的历史哲学可以用来解释任何事情，这也使许多人怀疑它什么也解释不了。

黑格尔的哲学方法被称为"辩证法"（这一方法比他的任何哲学理论都更广为人知）。根据黑格尔的说法，当两种观点（正题和反题）似乎呈现对立时，我们通常可以通过更高层次的综合来调和它们。这种辩证法在实际历史中是如何起作用的呢？他最喜欢的例子之一是古希腊城邦与现代宪政国家的对比。尽管古希腊城邦在艺术、智力和军事上都很伟大，但它却无法避免共同体和个体良知之间的悲剧性冲突。黑格尔认为，古希腊最伟大的悲剧作品是索福克勒斯的《安提戈涅》（*Antigone*）。在其中，共同体惩罚叛徒的权利和个体良知的权利发生了严重的冲突。底比斯的统治者克瑞翁（Creon）依法（rightly）禁止任何人埋葬叛徒波吕尼刻斯（Polynices）的尸体；但安提戈涅声称，尽管有克瑞翁的命令，但神的律法公正地（rightly）要求她埋葬自己的兄长波吕尼刻斯。同样，在实际的雅典历史中，我们看到，苏格拉底被他的同胞们谴责为不敬神且腐化青年；但苏格拉底声称，他只是在遵从他良知的神圣声音而行事。

根据黑格尔的观点，安提戈涅和苏格拉底必须死，因为在古希腊城邦中，没有办法调和国家（正题）和个人良知（反题）这两种对立的主张。只有随着现代自由主义国家所承认的基督教的良知不可侵犯的普遍原则的兴起，这种悲剧性的冲突才能得以克服。黑格尔认为，现代政治共同体之所以在客观上优于古代城邦，正是因为它们通过保护共同体的权利和个人良知的权利，超越了这些悲剧性冲突。

无论人们如何评价黑格尔广阔的历史视野，它都可以帮助我们理解在自由社会中个人权利与公共习俗之间的许多冲突。黑格尔抨击了从霍布斯到康德的自然权利理论家，因为他们的政治理论都是从个体及其抽象权利出发的。如果我们以个体——一个剥除一切社会背景、"摆脱一切的自我"——为起点，并赋予他/她一套抽象的自治权利——平等、言论自由等，那么一旦我们将其放回到社会中，就会出现无尽的冲突。因为这些抽象权利具有无限的开放性和广泛性，以致拥有这些广泛权利的个体无法彼此共同生活。所有实际的共同体都会涉及对自治、平等与自由的限制，以便人们能够在家庭、公司、军队和政治中共存、合作。事实上，黑格尔将法国大革命的失败归因于其试图赋予所有公民以抽象的自由、平等和博爱的权利，而正是这些抽象权利随后被用以摧毁现存社会制度中的所有主张。

黑格尔认为，我们必须从正存在着的人类共同体和道德习俗入手，而不是从被剥夺了社会背景、被赋予了抽象权利的个体入手。除非我们的道德理想与法律权利深深植根于社会习俗和习惯之中，否则它们将永远与我们的行为格格不入。真正的自然权利必须通过在习俗中的习惯化而成为人的第二天性。黑格尔反对保守派将惯例、习俗和传统视为天然事实。他认为，使我们的社会习俗具有规范性力量的不仅在于它们的传统性，而且在于我们能够看到它们的合乎理性的目的。

当黑格尔说"凡是合乎理性的都是现实的，凡是现实的都是合乎理性的"时，他并不是说"任何存在的东西即是合理性的"或"合理性的即为正确的"。合理性始终是人类自由的实现，而不只是恰好存在，这种存在可能需要通过革命来将其扫除。如果仅仅是存在，并不能证明一套社会实践的正当性：习惯和习俗对于真正的社会自由是必不可少的，但前提是它们必须能够实现理性自治。因此，黑格尔的思想超越并包括了特殊习俗的捍卫者柏克和普遍权利的捍卫者康德。作为对两者的超越，黑格尔提出了一种语境中的权利理论，这种权利不是抽象的原则，而是在家庭、公司和国家的活生生的现实之中的。我们拥有的不是作为人的权利，而是作为父母的权利、工人的权利、基督徒的权利和公民的权利。黑格尔既反对抽象的普遍性，也反对具体的特殊性，而是拥护他所称的"具体的普遍性"。我们应该理解特定的社会习俗和制度，并对其进行改进，这样我们才能了解它们是如何体现普遍权利的；抽象权利应该体现在特定的传统和实践中。自由主义者倾向于把黑格尔对道德习俗的强调看作仅仅是以自由的名义将传统习俗合理化，而保守主义者则倾向于把黑格尔对自由进步的强调看作是对破坏性、革命性变革的辩护。

我们要如何看待黑格尔的"语境中的权利"与当代伦理、政治争论之间的关系呢？我们关于堕胎问题的争论尤其激烈且呈现两极分化，因为我们在此看到了两种高度抽象的个人权利的残酷对立：妇女的自主权和未出生婴儿的生命权。妇女和未出生的孩子都被描述为拥有抽象权利的孤立个体。在自由权利理论的框架内，这场冲突只会有一个"后果"，而不会有真正的"解决方案"。如果我们从语境的角度来解释权利，那么这种困境会是什么样的呢？在母亲和她的婴儿之间的关系的语境下，我们看到，在传统中有母亲将其子女让给别人收养的习俗和合法权利。这意味着，即使是孕妇，原则上也有权与自己不想要的婴儿分离。不幸的是，以目前的技术，这种分离往往意味着婴儿的死亡，而这又违反了父母对孩子的责任。但在不久的将来，或许可以在不杀死胎儿的情况下将其与母亲分离，这样就既保护了母亲的权利，又保护了未出生的孩子的权利。因此，黑格尔的"语境中的权利"概念使我们能够克服作为个体的权利与我们生活中至关重要的关系之间的悲剧性冲突。根据黑格尔的观点，我们不必一定要在权利和关系之间、在个体和共同体之间做出非此即彼的选择。

18　詹姆斯·麦迪逊：建国者

美国独立战争后，独立的殖民地根据《联邦条例》（1781年）松散地联合起来。但是这个羽翼未丰的中央政府无力提高税收、促进州际贸易、保护新成立的各州不受外国侵略。因此各州领导人认为应该组建一个新的、更为强大的国家政府，并呼吁在1787年召开美国制宪会议。

为了准备即将到来的大会，弗吉尼亚州代表詹姆斯·麦迪逊尽其所能地学习了有关联邦政府和共和政府的一切知识。他写信给他最好的朋友和政治盟友托马斯·杰斐逊，当时杰斐逊是美国驻法国的外交代表，让他给自己找一些有关古代和现代联邦共和国的论著，"尤其是希腊和罗马作家写的"。杰斐逊走遍了巴黎的书摊，将197本书（大部分是法语书）寄送给身在弗吉尼亚的麦迪逊。

麦迪逊被誉为"美国宪法之父"，更广泛地说，他是历史上最伟大的宪法设计理论家和实践者。然而，与大多数伟大政治思想家不同的是，麦迪逊将博学多才的书本知识与作为政治家的丰富经验结合在了一起，这使他成为政治家中的哲学家、哲学家中的政治家。麦迪逊一直追随着杰弗逊的脚步，政治职务从弗吉尼亚州的立法机关到大陆会议，从国务卿到美国总统。尽管他没有杰斐逊那种豪言壮语（"人人生而平等"），但麦迪逊以其对人性更现实的态度和对制度变化更敏锐的洞察力，中和了杰斐逊式的大众政府理想。例如，杰斐逊希望每一代人都能制定自己的宪法：如果人民由死者统治，那人民统治还有什么意义呢？而相比之下，麦迪逊则坚持认为，健康的民主政治需要一个稳固的基本法框架；频繁修改宪法就像是在游戏进行过程中修改游戏规则一样，这破坏了旨在争夺权力的民主竞争的公平性。麦迪逊对《联邦党人文集》（The Federalist Papers）——一套解释和捍卫美国新宪法的文集——的杰出贡献，使得该书成为美国对政治思想史做出的最伟大的贡献。

在新泽西学院（现在的普林斯顿大学），年轻的麦迪逊从其老师约翰·威瑟斯庞（John Witherspoon）——一位来自苏格兰的加尔文派基督徒——那里学到了奥古斯丁对人性的悲观主义看法。奥古斯丁因为对人类根本之恶的观点——通过教育或教养，人类自私的倾向可能会得到缓和，但永远无法彻底消除——被视为人类历史上第一位政治现实主义者。正是由于这种人类的根本之恶，所以用后来阿克顿勋爵的话说，"权力导致腐败，绝对的权力导致绝对的腐败"。这意味着无论多么"有德"的统治者，都不应该被赋予绝对的政治权力。在奥古斯丁思想的影响下，麦迪逊说："如果人都是天使，就不需要任何政府了。"康德在评价麦迪逊用以控制权力任意行使而设置的制度机制时说，即使是"魔鬼的民族"，其宪法只要经过精心设计，就同样能够奏效。麦迪逊想得并不如康德这般的绝对，他依旧认为，如果公民和政客们缺乏足够的公民道德，那么无论什么样的宪法设置都会被破坏。

麦迪逊前脚刚抨击了英国王室和议会的暴政，后脚又要担心来自美国人民的暴政。在邦联中，他目睹过多数债务人对少数债权人财富的掠夺；当然，更糟糕的是占人口多数的白人对少数种族的长期暴政。麦迪逊一生中面临的根本挑战是如何将大众政府与个人自由结合起来：如何在不压迫少数的情况下赋予民主多数派以权力。欧洲的历史似乎表明，不受欢迎的少数派，如犹太人，往往会受到君主的保护，但不会受到公民大众的保护。

通常认为，麦迪逊支持共和政府胜过民主政府，但更确切地说，他支持的是民主共和国。他经常贬低他所谓的"纯粹"民主，即古代的直接民主——在这种民主制下，所有问题都要经过所有公民的投票决定。他认为，公民的激情会造就残暴的集会："即使每一位雅典公民都是苏格拉底，每一次雅典人大会也仍然会是一堆群氓。"麦迪逊赞成采用代议制的方式，即由少数人代表其他人执政，这样人们的原始激情就可以通过他们的代表的深思熟虑而得到缓和。历史上的许多共和国都是贵族式的，而麦迪逊则坚持建立一个民主共和国。古代世界为我们提供的直接民主模式没有采取代表制的形式，中世纪的欧洲为我们提供的代议制政府模式则没有采取民主的形式。麦迪逊率先结合古代和中世纪的政治理想，发展出了真正的代议制民主模式。

　　麦迪逊作为政治思想家的天才体现在他如何推翻传统政治思想和实践的一些基本假设上。所有古代和中世纪政治的一个基本公理是，一个共同体只有当其在宗教上团结起来时，才能在政治上团结起来。实际上，几乎所有人类历史上的政府都曾以政治团结的名义，要求实施宗教正统的权利。杰斐逊和麦迪逊在制定《弗吉尼亚宗教自由法案》（Virginia's Statute for Religious Freedom）时拒绝了这一传统假设，该法案成为美国宪法第一修正案保护宗教自由的典范。麦迪逊认为，确立一个国教将同时腐化国家和宗教，而宗教多元主义则会同时造就更好的教会和政府。他坚持认为，强制实施正统宗教不仅不能预防政治冲突，反而会造成政治冲突。事实也证明了，基督教在宗教自由下的美国比在其他将基督教作为国教的国家中传播得都要快。

　　传统政治理论的第二个基本假设是，民主政体必须是小而同质的。毕竟，古代的民主国家都是很小的城邦；而随着罗马共和国成为一个大帝国，罗马人民也失去了他们的政治自由。美国的州权拥护者们反对麦迪逊的新国家政府，他们坚持认为代表们只会对各自州的人民负责。但是，麦迪逊认为，古代和现代的小共和国的历史表明了它们都是建立在派系冲突之上的。事实上，政体越小，就越有可能分化成两个对立的阵营：富人与穷人，债权人与债务人，天主教徒与新教徒。鉴于人类性情和环境的多样性，任何自由社会都不可能自发地达成一致，派系和分裂的出现是不必避免的。

而吊诡之处在于，似乎解决交战派系致命危险的方法，是进一步增加派系。大卫·休谟已经指出，宗教自由在有许多宗教派别的地方发展得最好，因为它可以防止任何一个教派对其他教派的压迫。麦迪逊进一步发展了这一观点，认为一个庞大而多样化的政体将包含诸多的等级和诸类的财产，有如此多的宗教，有如此多的地域和文化身份，以至没有任何一个派系分支足以引发内战。麦迪逊说道，在一个幅员辽阔、地域多样的国家，每个公民都有多重身份，比如一个人可以同时是穷人、天主教徒、城市居民、北方人、白人。麦迪逊不是要劝诫公民为共同利益而行动，而是承认了狭隘的利己主义的现实：派系是不可避免的，但交叉群体的多样性可以确保安全。在麦迪逊之前，没有人曾认为一个大的民主共和国比一个小的民主共和国更为可行。

传统政治思想的第三个基本假设是，所有政府都必须拥有主权权威。在欧洲政治中，要么国王是主权者，要么议会是主权者，再或是"王在议会"是主权者。那么，何为主权呢？主权权威是终极的，不能被挑战的；为避免陷入僵局，主权是不可分割的；主权权力不可能受到法律的限制，因为任何对主权的限制本身就是主权。尽管麦迪逊认为在美国，"人民"是主权者，但他的宪法设计的天才之处在于，在这种设计下，主权无

处不在，又无影无形。首先，他把国家政府和几个州的政府区
分开来。那么是国家政府是主权者，还是州政府是主权者呢？
两者都是。而在国家政府和州政府内部，又被划分为行政、立
法和司法三个部门，每个部门都拥有自己的权力，并可以制衡
其他部门。在这种情况下，再去问哪个政府部门是主权者这个
问题，是毫无意义的。甚至作为整体的政府也不是主权者，因
为人民可以组织州宪法会议来废除州政府或国家政府。

　　那如果两个或两个以上的政府部门串通起来篡夺权力呢？
麦迪逊很清楚，仅仅通过宪法规定，或者他戏称的"羊皮纸栅
栏"（parchment barriers），无法阻止雄心勃勃的政客们漠视法
律规定。他认为，部门分离的制度设计将导致公职人员之间产
生有益的冲突，因此"必须用野心来对抗野心"。政客们会小
心翼翼地保护自己所在政府部门的权力和特权不受其他部门的
侵犯；这不是出于对宪法的高度忠诚，而只是为了保护自己的
权力基础。根据麦迪逊的政治心理学，政客们会产生对自己部
门的认同，即"屁股决定脑袋"。麦迪逊不是去规劝政客们捍
卫宪法，而是依靠他们相互冲突的野心来制衡他们的权力。他
是以人本来的面目看待人，而不是以人可能的面目看待人。

　　因其在 1787 年制宪会议上发挥的明智领导作用，麦迪
逊被称为"美国宪法之父"。然而，他更倾向的"弗吉尼亚
计划"（Virginia Plan）——建立一个更强大的、对各州立法
拥有否决权的国家政府——被否决了。麦迪逊直接负责起草

了宪法的前十条修正案，即众所周知的《人权法案》（Bill of Rights）；这是世界历史上最具影响力的基本自由宣言，也是麦迪逊最伟大的政治成就。

麦迪逊充分意识到一方面喊着捍卫人权，另一方面却又拥护奴隶制所体现出来的虚伪性。他从未动摇过对奴隶制的谴责，认为它是一种道德上的恶，但他又从未试图废除它。作为弗吉尼亚人，他完全清楚南方各州是绝不会以放弃奴隶制为代价加入联邦的。英国作家塞缪尔·约翰逊（Samuel Johnson）严厉谴责美国革命者——杰斐逊和麦迪逊都未能幸免——"为何对自由发出的最响亮的疾呼出自黑人司机呢？"

麦迪逊在宪法设计中最首要的目标是避免暴政的危险——尤其是多数人的暴政。他信奉"分而治之"：第一，通过扩大共和国，把社会分成许多交叉的派系，来防止出现稳定的多数压迫少数；第二，将主权划分给国家政府和州政府；第三，通过将政府内部划分为不同的部门，这样政客之间的竞争就可以防止达成任何针对人民的阴谋。但主权分散的危险在于，它往往会导致僵局：因为没有哪个部门拥有全部权力，所以每个部门往往只会倾向于一味地否决其他部门的议程。此外，由于没有一个政府部门是主权者，因此选民往往不知道该信任或该问责哪个政府部门；主权的分散通常也意味着责任的分散。自伍德罗·威尔逊（Woodrow Wilson，1913—1921年在任）以来，美国进步主义者一直认为，麦迪逊宪法削弱了国家政府的力量，以至美国社会的改革几乎总是受到来自有组织的特殊利益集团的阻挠。

麦迪逊宪法是世界上唯一一部对政党没有做任何规定的现代宪法。然而，没有政党，分支机构之间就不可能有稳定的合作，也就缺乏治理的能力。与此同时，政党也能削弱一个部门制衡其他部门的倾向：当一个政党控制两个或多个政府部门时，部门之间的相互制衡就被削弱了。因此，政党对于治理国家是必要的，但政党也破坏了麦迪逊对权力行使的精巧控制。

自麦迪逊以来，政治学家和经济学家设计了越来越复杂且精妙的制度激励措施与约束条件，以"推动"人们做正确的事情。例如，今天我们通过将"道德的"选项转化为默认选项，构建起做一个器官捐赠者或为退休而存钱的选项。我们提供财政激励措施，鼓励企业停止污染，或为员工提供医疗保险。和麦迪逊一样，我们精心构建我们的制度，以让人们即使出于错误的理由也能做出"正确"的选择。但与麦迪逊不同的是，我们在很大程度上抛弃了有关道德品格和公民美德的那一整套话语：利用公职为私人敛财，曾被斥为腐败，但现在几乎已被普遍接受。而无论是历史还是当代政治，都在告诉我们，任何宪法安排——无论多么精心设计——都无法控制那些缺乏基本公民美德的政客。

19 阿历克西·德·托克维尔：先知

法国作家阿历克西·德·托克维尔从未参加过新英格兰的城镇会议，尽管他在 1831 年秋游历了马萨诸塞州和康涅狄格州。然而，在他的经典著作《论美国的民主》（*Democracy in America*）的开篇，他却热情洋溢地称赞新英格兰城镇大会是全世界民主美德实践中的典范。这些独立自强的农民和商人会定期聚在一起商量、讨论并决定摆在他们面前的本地问题 —— 筹集资金、分配资金、修建道路或学校，而不是被动地等待州政府或国家政府来帮他们解决这些问题。托克维尔承认，美国地方政府常常是无能的 —— 但他说，这并不重要：美国城镇拥有至高无上的美德，它们教导公民如何通过自我治理来正直地运用他们的自由。托克维尔在研究美国民主时对城镇会议的关注是令人费解的，因为这种会议更像是古希腊的直接民主，而不是现代美国的代议制民主。但我们须知，托克维尔的著作是为了教导其法国同胞而写的，而不是为美国人写的。

作为一个拥护民主崛起的法国贵族，托克维尔希望他的封建祖先所具有的一些高度自给自足的精神，能够影响到现代民主中公民的性格。在很久以前，现代国家还未在欧洲出现，当时封建贵族们聚集在一起管理他们的共同事务，每位贵族都彼此尊重彼此的自由和独立。托克维尔希望如今的每一位民主公民都能以这些理想化的贵族的公民美德行事：每个人都是贵族。他声称，新兴民主的法律平等和道德平等是上帝不可抗拒的意志——我们自己的选择只对我们是拥有一种自由平等，还是一种奴役平等，一个独立公民的社会，还是一个卑鄙小人的社会起决定作用。托克维尔预见了他所向往的政治自由将面临的两个主要威胁：政府集中化和市场消费主义。这两者都会导致人们从公民美德退缩回安静的、奴役式的私人生活中。托克维尔就像《圣经·旧约》中的先知一样，不仅声称自己看到了民主平等崛起过程中所体现的上帝意志，还警告说我们的未来可能会是这样一种景象：民主的"群氓"（herd）靠着私人奢侈品养肥自己的同时，还受到遥远势力的操纵。这也就是他所谓的"柔性专制主义"（soft despotism）的构想——这一构想出奇地适用于 20 世纪的社会主义，或许也同样适用于 20 世纪的资本主义。

是什么使托克维尔成为贵族中的民主主义者？他出生于法国贵族制消亡之后、民主制诞生之前。他一生的使命就是警告贵族"民主是不可避免的"，警告民主人士"政治自由不是不可避免的"。在他自己的国家里，没有一个先知是受人尊敬的，托克维尔本人也从未受到法国贵族或民主人士的欢迎；他与法国政治的疏离使他得以成为一位作家。只有作为一位贵族才能如此出色地刻画民主，只有作为一个法国人（或外国人）

才能如此出色地刻画美国。

　　托克维尔生活于 1789 年法国大革命的阴影之下，他的许多亲戚甚至包括他的父母都在革命中被处决了。他的同时代人虽然对这一划时代事件的公正性深有分歧，但他们一致认为，法国大革命代表着法国与封建君主制的彻底决裂。而只有托克维尔坚持认为，这场革命只是清除了自路易十四以来已经被君主们摧毁的封建秩序的残骸。法国的封建制度在其几乎不复存在之后才遭到人们的痛恨：[自路易十四] 一直到 18 世纪，法国贵族都是拥有许多特权，但没有实权；他们不用统治就能获得统治的一切回报。过去的两个世纪，巴黎所有的政治权力都被野心勃勃的君主垄断了。在 1789 年的革命中，拿破仑只是进一步完善了由专制君主开创的中央集权政府，绕过贵族直接统治人民。

　　是什么引起了这场革命呢？托克维尔前往美国，为这个法国问题寻求美国的回答（和解决方案）。正如美国民主的关键在于地方政府一样，法国大革命的关键也在于地方政府。在中世纪和近代早期的封建制度下，农民向当地贵族提供劳动力和税收，以换取他们的统治。但是到了 18 世纪，农民们发觉自己实际上是被来自巴黎的官员统治着的，却仍需缴税以供养当地无用的贵族（且很多当地贵族都早已潜逃到凡尔赛宫去了）。这种荒谬的状况不可能持续下去，实际上也的确没有持续下去。1789 年的事件仅仅是这场平静的、已经改变了各地法国人的生活的政治、经济和社会革命的暴力高潮。通过研究地方政府，托克维尔洞悉了美国和法国政治的秘密。

托克维尔说，观察地方政府总是有意义的，因为作为所有政治之基础的内心习惯是由人们的日常经验形成的。对大多数人来说，诸如民主或宪政之类的概念都只是模糊的抽象，华盛顿或巴黎之类的地方都只是异乡。美国人的民主习惯并不是从学校或书本中习得的，而是从教区委员会、城镇委员会和地方陪审团的实践中获得的。公民美德是在与邻居合作、学会容忍分歧和解决共同问题的过程中养成的一套习惯。托克维尔认为，美国人首先组织起城镇，然后组织起州政府，最后才组织起了国家政府。这意味着美国人本能地把各级政府都比作他们熟悉的城镇。托克维尔可能会同意 G. K. 切斯特顿（G. K. Chesterton）的观点，即民主就像擤鼻涕：即使做得不好，也应该由自己来做。

尽管托克维尔积极倡导地方政府的美德，但这并不意味着他是州权的支持者。据他说，州政府几乎和国家政府一样是远离人们的日常生活的。托克维尔支持联邦主义者或汉密尔顿主义者（以亚历山大·汉密尔顿命名）对美国宪法的解释，捍卫一个强大的国家政府；反对共和党或杰斐逊式的对州主权的捍卫。托克维尔以其一贯的先见之明，担心各州如果具备了忽视国家政府授权的权力，可能会威胁到联邦的生存，后来的美国内战也的确验证了这一点。托克维尔说，他经常听到美国人在没有任何可信证据的情况下，就一味地谴责国家政府的暴政。实际上，托克维尔认为，真正威胁自由的最主要是州政府。

托克维尔向美国人寻求回答的、一个紧迫的法国问题是基督教与政治的关系。几个世纪以来，法国天主教会一直与君主制结盟；结果在 1792 年君主制被推翻时，教堂也被埋在废墟中了。大革命后，法国的左右两派一致同意这样一条公理：天主教是保皇主义和反民主的；民主平等和自由是世俗的、非基督教的理想。但托克维尔却充满激情地坚决站在与此相对的立场上，他坚称现代民主恰恰正是基督教的理想，耶稣来到人间就是为了宣扬人人平等。对托克维尔来说，这也是一个非常迫切的个人问题，他虽然失去了天主教信仰，但却没有失去对基督宗教的热爱。

托克维尔说，古代的民主是建立在奴隶制、阶级特权和父权制的基础上的；甚至柏拉图和亚里士多德都明确认可了人类之间的根本不平等。普世的人类平等、权利和自由的理想是基督教的馈赠。他指责基督教神学家和传教士没有发展基督教的公民道德。尽管保皇主义者、君主主义者、民主主义者、社会主义者和无政府主义者都深信，基督教从根本上是反现代民主的；但托克维尔，以及后来的尼采，却都认为基督教，不管它当前的组织如何腐败，才是我们民主理想的真实起源。托克维尔提到，更为重要的是，基督教是民主公民道德存续的必要条件。

在美国访问期间，托克维尔被两件事所震惊：第一，政教分离（尽管在他访问美国时，美国的几个州仍然有国立教会存在）；第二，尽管存在这种分离——或者更确切地说，正是因为这种分离——基督教仍然是"美国最重要的政治组织"。私人宗教怎么可能成为最重要的政治组织呢？我们必须记住，政治源于"内心的习惯"，美国教会比任何其他组织都更为深刻地塑造了美国人的心灵。例如，在定居新英格兰的清教徒中，所有的牧师都是由他们的教众选举产生的；甚至美国的天主教主教，最初也是由神父选举产生的。简而言之，在美国民主政府建立之前，美国教会就已经是民主的了。托克维尔说，如果没有宗教信仰，美国人就会完全沉溺于自私的个人主义之中，特别是对物质财富的追求。美国人心灵的习性，与其说是由基督教教导的，不如说是由美国人参与基督教社区而形成的；它是美国人养成公民美德的原因。今天的社会学家们，受托克维尔的启发，确实发现了教堂出勤率（无论哪种宗教）与许多公民道德标准之间有着密切的关系。

然而，研究美国民主的时间越长，托克维尔就越悲观。其悲观主义的根源在于黑人、印第安人和白人之间的关系。像所有开明的法国自由主义者一样，托克维尔对美国的奴隶制感到恐惧——不仅是对奴隶的可怕堕落感到恐惧，更是对奴隶主的腐败感到恐惧。他认为奴隶制使劳动者蒙受了耻辱，使南方白人变得懒惰、无知、自大。当托克维尔沿着俄亥俄河航行时，他声称，与拥有奴隶的肯塔基州一边的农场相比，自由的俄亥俄一边的农场是有序而勤劳的。他认为，古代的奴役虽束缚身体，但未束缚心灵；相比之下，美国的种族奴隶制则使奴隶的身体和心灵都堕落了，使他们觉得自己天生低人一等。托克维尔说，美国白人对黑人犯下的罪行正在呼唤着黑人的复仇行动；他认为未来在美国种族之间，更可能发生的是种族战争，而非和平共处。

托克维尔是在 1830 年《印第安人迁移法》（Indian Removal Act）通过后不久来到美国的，在他看来，美国印第安人一定会被贪婪而残暴的白人殖民者无情地灭绝。他说，那些骄傲的印第安战士宁愿死也不愿当奴隶，这让他联想起了自己身为军事贵族的高贵祖先。托克维尔对美国印第安战士面对彻底毁灭时所展现出的勇气和坚忍精神深表钦佩，这最充分地体现了他的贵族性格。

托克维尔说，民主文化是彻底实用性的、唯物主义的和经验主义的文化。他补充说，这就是为什么美国人在新技术 —— 只要它们在短期内有利可图 —— 的开发上表现出色。常识似乎表明，实用主义的美国文化需要务实的、职业性的美式学校教育 —— 也的确，美国学校教育总体上是非常务实的。但托克维尔一如既往地拒绝接受同时代人的常识，他坚持认为实用主义的美国民主主义者真正需要的是在古典语言、文学、哲学、美术和音乐等方面无用的贵族教育。学校应该以弘扬民主文化为目标，引导学生树立对纯粹真理、崇高道德理想和纯粹美的热爱。如果缺乏这种教育，民主就会陷入狭隘的职业主义之中，并最终破坏美国人所珍视的艺术和科学的进步。是的，在托克维尔看来，务实能干的美国人首先需要学习的是芭蕾舞。

　　今天，人们普遍对发达民主国家缺乏公民美德这一状况感到沮丧。由于真正的政治权力如今位于遥远的国家议会大厦，甚至在国际组织中，大多数公民已沦为政治的旁观者——而政治本身呈现出一种令人遗憾的景象，在愤世嫉俗的利己主义中充斥着粗俗的部落冲突。因此，美国和欧洲的许多公民都希望他们的学校能教授公共生活中所缺乏的公民美德。学校可以教授公民美德吗？托克维尔并不这么认为："乡镇组织之于自由，犹如小学之于授课；乡镇组织将自由带给人民。"政治自由的美德必须通过积极参与地方教会、组织和政府来习得。公民美德归根结底是心灵的习惯，而不是思想的课程。但是，如果我们的地方组织已经被互联网消费主义和政治集中化掏空，那么公民到哪里才可以习得正确的心灵习惯呢？

20　约翰·斯图亚特·密尔：个人主义者

约翰·斯图亚特·密尔是英国东印度公司伦敦总部的一名官员，他在此工作了 35 年（超过他半生）。东印度公司是一家拥有皇家特许经营权的私人企业，负责管理英国在远东地区的贸易，对印度进行着实际的统治。从东印度公司退休后，密尔接任了他的父亲詹姆斯·密尔（James Mill）的高级审查员职务。毋庸置疑，密尔父子都从未涉足过他数十年来在伦敦协助管理的那个国家。就此而言，没有任何证据表明他们两人曾见过印度人。尽管密尔是自由民主党人，自诩为"激进主义者"，但他认为专制是"对付野蛮人的合法政府模式"，在他看来，野蛮人包括印度原住民。因为他是那个时代的人，不可避免地受到那个时代观念的塑造。他相信，所有人都天生、或多或少可以提升到英国的"文明"水平。（密尔是一个很神奇的人，他是一个英国人，却又是亲法派，死后也葬在了法国。）虽然他没有时间研究 19 世纪下半叶在欧洲越来越流行的种族理论，但密尔确信，不同的社会处于人类进步阶梯的不同梯级上，"落后的社会状态"在达到最"先进"国家的高水平之前，不应享有在最"先进"国家中常见的那种个人自由和民主权利。他希望并期待大多数人最终能到达这一"先进的"阶段，尽管他从不认为这是容易的或在任何情况下都是必然的。密尔和卡尔·马克思一样，都认为专制只有在是开明专制，且是为了受专制统治之人的利益服务时，才是合法的。马克思写道："英国在印度要完成双重的使命：一个是破坏性的使命，即消灭旧的亚洲式的社会；另一个是建设性的使命，即在亚洲为西方式的社会奠定物质基础。"

　　如果说密尔在殖民主义问题上受其所处时代的思想限制，那么他在其他问题上则远远领先于他所处的时代。他是19世纪最伟大的支持女性平等的理论家和倡导者，这在当时是一个非常不受欢迎的立场，也让他在维多利亚时代的英国树敌很多。他是英国第一个在竞选议员时将妇女投票权纳入其政治纲领的政治家，作为一名国会议员（只当了3年），密尔向下议院提交了第一份女性选举权请愿书，并提出了一项修正案，希望将女性纳入1867年的《改革法案》（Reform Bill）中，该法案扩大了大多数有产男性的投票权。（该法案获得通过，但密尔的修正案被否决。）直到半个世纪后，英国才准备好迎接这种改变。他写了一本开创性的女权主义著作《妇女的屈从地位》（*On the Subjection of Women*），阐述了在各个方面平等对待女性和男性的理由。密尔在书中指出，将女性排除在公共生活和职场之外是"人类进步的主要障碍之一"。在这方面及在其他许多方面，他深受妻子哈莉特·泰勒（Harriett Taylor）的影响。哈莉特·泰勒写过一本很有影响力的著作《妇女的选举权》（*The Enfranchisement of Women*）。在他的自传中，密尔自述，无论是在个人生活方面还是在知识创作方面，自己都对妻子亏欠颇多，并声称他所有出版的作品都是他和妻子共同创作的，尽管他妻子的名字并没有出现在这些作品中。如此看来，密尔的女权主义也有其局限性。

密尔最伟大的成就不是他作为帝国公务员的漫长职业生涯，也不是他作为政治家的短暂职业生涯；而是他现今被人所铭记的著作，其中最重要的是《论自由》（*On Liberty*）一书。这可能是有史以来最著名、最有影响力的捍卫个人自由的著作。这是密尔最引以为傲的作品，他也准确地预测到了这本书将"比我写的其他任何书都更长寿"。在密尔所处的时代，他最关切的是"主流观点和情感的暴政"对优秀个体的压制，在这一点上他和19世纪的其他自由主义者，如他的朋友阿历克西·德·托克维尔一样——托克维尔就担心社会压力和从众心理对自由造成的威胁。密尔也认为，大众社会的兴起可能会扼杀个性，压制异见，其后果将是延缓甚至终止人类的进步，而人类的进步有赖于思想的自由表达和"生活实验"（experiments in living）。

在政治上，密尔是一位古典自由主义者，认为促进人类福祉的最佳途径是一项总体性的政策，即在保证他人自由的前提下，最大限度地实现个人自由。在道德上，他和父亲一样都是功利主义者，声称功利主义是他的"信仰"。这也就意味着与大多数自由主义者不同，密尔父子拒绝任何有关自然权利的学说。我们已经看到，约翰·洛克是英美自由主义的创始人，他宣称每个人生来就拥有生命、自由和财产的自然权利；托马斯·杰斐逊在著名的美国《独立宣言》中也表达了对洛克自然权利观念的支持。但密尔给自己设定的任务是，在不诉诸任何自由或平等的自然权利学说，或者像潘恩一样，诉诸上帝的情况下，为个人自由和两性平等的观点做辩护。他辩护的基础最终落脚于自由平等的效用，即它们具有促进人类福祉的能力，而这正是康德所严厉禁止的，康德称这种方法为"一切道德的安乐死"。

　　密尔认为，如果我们每个人都能自由地以自己的方式追求"自己的善"，我们就更有可能找到真理；从长远来看，真理是改善人类整体福祉的最佳途径。应该把社会设计为允许"天才"（不限男女）有最广泛的自由来开拓他们的思想，表达他们的观念，并允许他们的个性自由发展。只有在这样一种氛围中，个别的杰出人才才能蓬勃发展，推动进步，从而带动整个社会向文明的方向前进。密尔敏锐地意识到，要维持天才蓬勃发展的条件是非常罕见和困难的。他认为，我们的精神力量就像肌肉一样，如果不能经常地、有力地使用它，它就会变弱。审查制度会抑制我们批判性的、深思熟虑的能力的发挥，如此，这些能力就很容易变得松弛且迟钝。相反，我们需要营造另外一种氛围，人们在其中可以通过公开辩论和自由交流思想、观点来"永远激励彼此更多地发挥自己的才能"。

　　和康德一样，密尔强烈反对父权家长制——强制人们去做对自己有利之事，这相当于把成年人当作小孩子看待。相反，他支持自由放任政策，让人们自己去寻找适合自己的独特生活方式。但这条准则只适用于那些"心智成熟"的人，不包括儿童或"野蛮人"。父权家长制对于儿童和"野蛮人"是适用的，只有当他们成为有能力为自己做出选择、有能力预见自己行为的后果并为自己的行为后果承担责任的文明成年人时，才能免于这种父权家长制。除此之外，都应该让个人自我决定，只要他们不打扰他人。

　　根据密尔的观点，由于人类是容易犯错的生物，我们很容易在信仰上犯错。因此，允许公开表达观点是至关重要的，这样，在不受约束的思想冲突中，就可以检验信念，看它们是否经受得住审查。密尔并没有天真地认为真理一定会在这种思想冲突中获胜，但相信在这种情况下真理出现的可能性，要远远高于在教条主义保护信仰不受检验和批评的情况下真理出现的可能性。任何人都可能犯错，所以没有任何信仰应该被视为神圣不可侵犯和不容置疑的。人类的进步取决于批判的自由、质疑的自由。这是密尔从苏格拉底的生平经历中得到的主要教训和启示，他把苏格拉底尊为英勇的自由思想家的象征，苏格拉底勇敢地反抗多数人暴政，并为此付出了生命。

　　密尔不是无政府主义者。与康德一样，他主张在一定限制内的自由，而这些限制有时必须由国家来强制执行。只有在不对他人造成人身伤害的情况下，人们才能自由地行使他们的自由。他在《论自由》一书中提道："违背其意志而不失正当地施之于文明社会任何成员的权力，唯一的目的也仅仅是防止其伤害他人。"作为父权家长制的反对者，密尔认为国家不应该就成年人伤害自己的行为而采取阻止行动。因此，比如规定我们要系安全带的法律，在密尔所设想的自由主义国家中就不会有一席之地。在密尔看来，让人们犯错误并从中吸取教训，要好过干预个人以防止其自残。

　　密尔是民主主义者，当他还是国会议员时，他曾投票支持扩大公民权的决议。与此同时，他也和他的朋友托克维尔一样，对大多数受教育程度低的人凌驾于少数受教育程度高的人之上感到焦虑。因此，他主张"复数投票制"（plural voting），主张每个能够阅读、写作和做基本算术的成年人都获得至少一票，而受过良好教育并具有"心理优势"的成年人可以获得更多选票，以"作为对受教育程度最低的阶层力量的一种平衡"。在19世纪，很多人都支持密尔的这些主张，以限制被许多人视为野蛮的民主多数派的力量。和大多数自由主义者一样，密尔是一个谨慎的民主主义者，而不是民粹主义者。他希望扩大选民的范围，也希望提高选民的素质。作为一个重视个人自由的自由主义者，他看到了多数人对少数人的威胁，并提出了他的加权投票制度，在他看来，这是一种平衡数量与质量的方法。他还赞成代议制而非直接民主制，并同意柏克的观点，即民选代表应是选民的独立式代表，而非委托式代表。在他的自传中，密尔回忆道，他曾直言不讳地告诉那些支持他作为他们在议会中的代表的人："如果当选，我不能承诺把我的时间和精力投入你们当地的利益中去。"他甚至计划在竞选期间留在法国，尽管他最终由于选民的压力放弃了这一计划。在竞选期间，密尔宣称自己写了一本宣传册，册子里提出了工人阶级普遍是"说谎者"的主张；后来他把这一主张作为自己竞选的宣传标语，令他吃惊的是，他最终凭借这一主张赢得了选举，虽然在他出乎意料、难以置信地获胜后不久，这次选举就被要求重新计票。

　　今天，言论自由的价值和局限性正在经受比过去几十年来更大程度的考验与争论。通信技术的进步使世界成为一个"地球村"，观念和设想在全世界迅速传播，从而大大增加了冲突和误解的可能性；这导致了限制言论自由的声音的出现。这些冲突引发的争议提示我们，其他的价值观念，如社会和谐、宽容、尊重等，都会与自由的价值观念相竞争，甚至密尔也认为自由不应该是一种绝对的价值观念。对世界上大多数人来说，言论自由至高无上的信念并非不言自明的，因为世界不都是自由主义的。在这种背景下，密尔著名的《论自由》或许比以往任何时候都更为重要，因为它是出于认为自由最有可能促进人类福祉的理由而论证自由是最高的政治价值的。此外，他对大众民主的担忧（他的这种担忧长期以来被人们认为是出于贵族的自命不凡），也重新受到那些对民粹主义崛起和对政党、政客在选举中取得成功而感到恐惧的人的欢迎；民粹主义者、政客们认为，自由主义本身就是问题，而不是解决我们这个时代弊病的办法。

21　卡尔·马克思：革命家

1849 年，穷得身无分文的卡尔·马克思，从法国流亡到伦敦，并于 1851 年搬进了位于迪恩街 28 号的一间昏暗的两室小公寓里。那儿之前是个妓院，是拥挤、脏乱的伦敦城里最为破旧的地方之一（现在变成了索霍区的一家时尚餐厅）。他们一家人在那里生活了近 6 年，徘徊在贫困的边缘。虽然他和密尔同时在同一座城市居住了 24 年，但两人生活在两个完全不同的世界中，彼此也从未见过面。马克思知道密尔，也读过他写的书，但密尔从未听说过马克思；马克思生前只是一个默默无闻的德国革命家，一生在英国几乎无人知晓。

马克思之所以能摆脱赤贫，全靠他的德国朋友弗里德里希·恩格斯的慷慨相助；恩格斯的家族在曼彻斯特拥有纺织厂。尽管如此，马克思的 3 个孩子还是在他们肮脏、拥挤的家中早逝了。在他的小女儿弗朗西斯卡死后，马克思甚至不得不借钱雇人来埋葬她。尽管马克思一生的大部分时间都在英国度过，但他并没有很好地掌握英语，这严重限制了他在查尔斯·狄更斯时代的伦敦谋生的前景。

就像一个世纪前流亡于英国的卢梭一样，马克思也不是亲英派，也没有对英国这个他的第二祖国表示感激，尽管英国在欧洲大陆当局因其激进观点而追捕他时，为他提供了躲避迫害的避难所。贫穷的马克思在搬到伦敦后就很少离开那儿了，他也从未参观过英国的工厂，尽管他是工业资本主义的分析家、工人利益的捍卫者、无产阶级革命——工人阶级发起且为了工人阶级的革命——的倡导者。马克思自己完全出身于资产阶级，而不是工人阶级。他对劳动人民的困境与资本主义的法律及其影响的了解几乎完全来自书本知识（例如由政府检查员提供的）。他每天都去大英博物馆的阅览室疯狂地吸收知识，短暂地离开那两个与家人和管家一起住的"邪恶而可怕的房间"。他在博物馆里那些硬邦邦的椅子上一坐就是好几个小时，他的屁股都长出了疖子。他把他对资产阶级的愤怒归罪于这些不舒服的座椅所引起的痛苦和不安。他怒不可遏地对恩格斯说道："我希望资产阶级会记得我所有的痛苦，直到他们死去的那一天，他们真是猪！"

马克思的研究对象是早期英国、法国和德国的不受管制的工业资本主义，那是一种非常原始和野蛮的生产方式；直到20世纪，资本主义才建立起福利国家、颁布劳动法规，以缓和资本主义的生产过剩，保护最弱势的群体。查尔斯·狄更斯在其文学作品中对早期资本主义的描述最为生动感人，马克思如此表达了自己对这位维多利亚时代小说家的钦佩之情："他在自己卓越的、描写生动的书籍中向世界揭示的政治和社会真理，比一切职业政客、政论家和道学家加在一起所揭示的还要多。"马克思坚信资本主义必然会自我毁灭，因为它会经历迅速繁荣与迅速萧条的商业周期。此外，贫困工人的悲惨生活条件也会日益恶化。他曾在书籍、报告和报纸上仔细地（可能也是有选择性地）分析过资本主义的内部运作，并得出结论：资本主义注定要在自身内部矛盾的重压下崩溃，而正是这些内部矛盾使它从本质上变得越来越不稳定。他认为资本主义的这种命运是无法避免的。按照马克思的观点，资本主义同所有以阶级为基础的经济制度一样，建立在富人和有权势的人对穷人与无权者的无情剥削基础之上，当大多数穷人的生活变得无法忍受时，这些制度就注定会宣告失败。这就是为什么马克思会说，贪婪的资产阶级是他们自己的掘墓人。他满怀信心地预言，只有在这样的失败之后，建立一个没有阶级、剥削和暴力的共产主义社会的建设性工作才得以开始。

对马克思来说，他所谓的"资产阶级"指的是资本主义中的统治阶级，他们拥有并控制着"生产资料"（工厂、金钱和资源），剥削工人阶级（无产阶级）；而工人阶级唯一的"财产"是他们自己的劳动能力［即他们的"劳动力"（labour power）］。在原则上，工人可以自由地把这种劳动力出卖给资产阶级，以换取他们所能获得的最多的工资，而在大多数情况下，这种工资仅能勉强支撑工人们的生存所需。之后，大多数劳动者会开始长时间的辛苦工作，来为资本家生产商品；这些商品归资本家所有，他们出售这些商品为自己牟利。这是一种纯粹的剥削制度，在这种制度下，绝大多数人注定要过着绝望的生活，而享有特权的少数人则享有大量的财富，并积聚所有权力。资本家是如何确保工资保持在低水平的呢？是通过建立一支"失业后备军"，这支失业后备军时刻准备着取代那些试图寻求更高工资的工人。马克思相信，随着时间的推移，富人会越来越富，穷人会越来越穷，最终资本主义体系将会在革命的暴力中被推翻。

马克思认为，资本家表面上假装支持竞争，但实际上却竭力遏止竞争，因为竞争会压低价格，从而减少他们的盈利。即使是古典经济学家亚当·斯密——商业社会的崇拜者和捍卫者——也曾指出，无论何时，只要商人们聚在一起，他们就会密谋制造垄断和卡特尔，无情地将小公司驱逐出去。此外，资本主义还倾向于要求企业将工资压低到非人道的水平，以保持高利润；从长远来看，这种无情的压迫是自取灭亡的，因为工人们最终会买不起由自己生产的产品，进而引发一场摧毁资本主义本身的"生产过剩危机"。从长期来看，商品过剩、消费者寥寥是一种不可持续的状态。

1848年，当一波起义浪潮席卷欧洲时，马克思认为这可能是资本主义终结的开端——他曾预言资本主义终将终结，但后来发现，那不过是虚假的曙光。于是马克思决定在伦敦这个避风港等待那不可避免的革命的到来，伦敦对激进分子和煽动者——如共产主义联盟的成员——的态度相对宽松。共产主义联盟的总部就设在伦敦，它还曾委托马克思和恩格斯为其撰写著名的《共产党宣言》(*Communist Manifesto*)。该联盟解散后，马克思成为国际工人协会(International Workingmen's Association)活跃且杰出的成员，并被选入其总委员会。担任该职务的马克思是国际共产主义运动的领导人之一，并被视为该运动的知识领袖。即便如此，当马克思于 1883 年在伦敦去世时，他在英国还是默默无闻。因为他只用德语写作，而在他有生之年，被译成了英语的著作只有《共产党宣言》。直到 20 世纪 60 年代中期，他写的东西在英语世界几乎没有再版过。卡尔·马克思在流亡中默默无闻地死去，等待着他深信总有一天会到来的革命。在马克思去世 30 年后，革命终于到来了，但却是在一个谁都未曾想到的地方 —— 俄国。

　　与奥古斯丁和霍布斯一样，马克思对国家的看法也是完全负面的。他写道，政府只是统治阶级用以控制其余人的一种武器。他认为政治权力仅仅是"一个阶级压迫另一个阶级的有组织的权力"。国家从来都不是真正公平或公正的，尽管表面看来它有形式上公正的法律和程序。它总是为了统治阶级的利益而行动，因为统治阶级的利益是国家的唯一目的；它不会为了普遍利益而行动。尽管国家在很大程度上是（通常是残酷地）依靠武力来镇压异见和维持秩序的，但资本主义也操控着我们的思想，通过意识形态（包括宗教）扭曲着我们对大多数人资本主义制度下可怕现实的看法。这对资本主义来说是必要的，因为在资本主义制度之下，大多数人生活和工作的条件是如此的充满压迫与剥削，如果人们能够正确地、不被扭曲地看待这些情况，自然就会引起叛乱。意识形态就像暗箱一样，把我们对现实的理解颠倒过来，让我们能够接受剥削的合法性。例如，资本主义国家的工人被告知，他们是"自由人"，可以将自己的劳动力出卖给出价最高的人，以赚取工资。这种虚构叙事尽可能地使自身与真实的事实相协调；真实的事实是，这是一种大规模的工资奴役形式，在这种奴役中，工人们无力去争取更好的条件和更高的工资。这就是为什么马克思认为资本主义注定要灭亡，因为当富人继续增加自己的财富和权力时，绝大多数人的状况会随之继续下降。

马克思认为，在不可避免的革命过后，随着阶级社会的废除，国家最终将变得没有存在的必要。但在此之前必须首先有一个过渡时期：在资本主义垮台后，资产阶级国家被无产阶级所控制，无产阶级用国家机器来粉碎旧制度的残余，以确保工人的全面胜利。马克思把这一通往共产主义道路上的临时阶段称为"无产阶级专政"，在这个阶段中，由工人阶级掌握的资产阶级国家强行废除了资本主义建立的私有财产制度，阶级消失了。苏联在这一阶段停留了70年，等待着资本主义世界的其他国家的相继崩溃，以便进入下一个阶段——共产主义。然而，苏联最终解体了，俄罗斯又恢复了资本主义制度。

按照马克思的理论，当废除资本主义制度的任务完成时，阶级冲突就会停止，因为阶级不复存在了。在他看来，竞争、自私、暴力和欺诈是所有以阶级为基础的社会的基本特征，但并不是我们的本性所固有的。因此，在没有阶级的共产主义制度下，这些恶行终将会消失，我们自发的合作本性最终将会出现，这就使得强制性的国家变得多余；国家不再被需要了，于是它就"消亡了"。在共产主义制度下，生产的一切物资和资源，都根据需要进行分配，这样共产主义社会就能为全体人民服务，使每个人的需要都得到同样的满足。公民不再把自己的劳动所得当作自己的私有财产，这种私有财产已经随着资本主义的废除而被废除了；且在共产主义制度下，公民也将不愿意拥有私有财产。

　　除了对共产主义的这些非常粗略和有限的想法之外，马克思很少谈到资本主义灭亡之后的状况。与此形成鲜明对比的是，他花费了大量篇幅极为详尽地解释了资本主义制度的内部运作细节，尤其在其尚未完成的长篇巨著《资本论》(*Capital*)中。这种对共产主义的默而不谈并非偶然：马克思声称"任何写关于未来的人都是反动分子"。他嘲笑空想社会主义者，因为他们在写关于未来的文章时，不过是在重复中世纪共产主义者的想法；马克思想要让后资本主义的未来自由发展。他主要是作为一位早期工业资本主义的分析家和批评家而写作的，对共产主义社会可能的未来说得相对较少，他是故意对共产主义社会的描述含糊其词的。

　　苏联是世界上第一个官方承认的马克思主义国家，它的历史和最终的解体在很大程度上损害了马克思的思想，就像雅各宾派在法国大革命期间盗用卢梭的思想，而玷污了卢梭在很多人那里的声誉一样。接下来我们同样会看到，纳粹对德国思想家弗里德里希·尼采的思想的信奉也玷污了尼采的声誉长达一代人之久。苏联体系在实践中其实与卡尔·马克思的思想关系甚微，马克思的思想因苏联而被污名化是令人遗憾的。1917年，俄国仍然是一个封建社会，它企图在不经由资本主义的情况下直接跳入共产主义，这违背了马克思历史发展理论中所说的一系列发展阶段。在西方，资本主义逐渐演变成了一种后工业形式，而不是世界末日式的崩溃，这与马克思的分析相悖，福利国家的崛起和中产阶级的扩张也与马克思的预测相悖。具有讽刺意味的是，20世纪以来，为了限制商业周期的破坏性繁荣和萧条，财政和货币稳定政策发展了起来，这部分是受到了马克思的启发；结果，他那被描述为"自毁预言"的思想，实际上有助于拯救资本主义。

然而，2008年始于西方的金融危机再次激发了人们对马克思将资本主义描述为一个容易加剧不平等、不稳定和不公平的体系的观点的极大兴趣。政治学家现在把美国的政治体制描述成更像是财阀式的，由富人统治的，而不是民主的。一些经济学家提出，从长远来看，资本主义为富人创造财富的速度的确快于为其他人创造财富的速度。与此同时，当今时代发展资本主义经济的条件，如在印度，仍然与马克思分析和抨击的

19世纪西方非常相似。这表明，只要资本主义存在，无论是以何种形式存在，马克思的著作几乎肯定会被用来诊断资本主义的弊病。最终，或许有一天，马克思的著作真的会成为资本主义的讣告。

22　弗里德里希·尼采：心理学家

弗里德里希·尼采一生都饱受精神疾病的折磨，他的父亲在他 5 岁时就死于"脑软化"。尼采精神问题的主要症状表现为严重的头痛、失眠、剧烈的情绪波动、抑郁和呕吐，这些症状从他十几岁的时候就开始了，并在接下来的 30 年时间里越来越严重地折磨着他。最后他陷入了彻底的疯狂，再也没有恢复过来。此后，他在病中又活了 10 年，直到 1900 年去世。早些时候他在巴塞尔大学当教授，但这种让他失去理智的病痛使他过早地结束了自己的职业生涯，在 35 岁时就退休了，此后只能靠微薄的退休金过活。在接下来的几年里，他过着孤独的流浪者的生活，写了许多让他现如今如此出名的作品，但在他的有生之年，这些作品无一成功。尼采的疾病最终也没有得到确诊。

尼采坚持认为痛苦和疾病是福气，因为它们激发了人们的想象力，给了受苦的人一种健康者所缺乏的深度。他宣称："巨大的痛苦是精神的最终解放者。"他相信，他在智力上最富有成就的时候，也正是他最痛苦的时候。他还使用了疾病的语言来对现代文明进行"诊断"，用疾病和健康、虚弱和有力的语言来代替善与恶、美德与邪恶（good and evil, virtue and vice）的语言。尼采是新时代的先知，是一个"疯子"，他在他的《快乐的科学》（*The Gay Science*）一书中向不明真相的大众宣告"上帝死了"。他认为西方在对基督教上帝失去信心之后，必然会出现虚无主义；但他同样相信，这种虚无主义是可以而且应该被克服的。他为这种情况开出的药方是"超人"，这种超凡天才充沛的创造力和意志力只有在摆脱了道德的束缚时才能蓬勃发展。在他看来，道德是一种疾病。尼采宣称，既然对诸神的信仰已死，西方文明就处在一片广阔的天地中，不再受任何传统道德的约束，伟大和可怕的事情再次成为可能。如果他没有遭受并挣扎于精神疾病，他可能永远也不会有这样重要的见解，至少他是这样确信的。

也许是需要与他自己内心的恶魔斗争，尼采经常形容自己是一位心理学家，在他所谓的"心理学分析艺术"方面具有特殊才能。西格蒙德·弗洛伊德和卡尔·荣格都同意这一点，以至这位伟大的维也纳精神分析学家（弗洛伊德）刻意避免对尼采作品进行任何系统的研究；他对尼采作品了解不多，但已经能够感觉到他自己的许多理论早已被尼采预料到了，这会威胁到他理论的独创性。尼采对传统哲学的几大幻想已经破灭了，心理学用尼采的思想替代了传统哲学。他更喜欢通过对思想进行心理分析来"驳斥"它们。尼采把心理学当作一种方法（或武器），用以揭露那些他不认可的思想家（如柏拉图、卢梭和康德）崇高思想背后常有的（他所认为的）不正当动机。尼采将他们的观点视为潜在的精神疾病的症状。他写道："思想家只能将自己的身体状况转化为最具智慧的形式。这种转变行为就是哲学。"尽管这种方法是有失公允的,但他的著作中始终充满了敏锐的心理学洞察和睿智的(通常也是诙谐的)对人的分析,对人与自身思想之间心理关系的分析,正如尼采所见,这种方法用以解释他自己的情况也是非常有效的,他是第一个承认这一点的哲学家。

尼采的家人称他为"弗里茨",他的父亲是位路德教牧师,是几代新教牧师的后代;他的母亲也是一位牧师的女儿。尼采出生在马丁·路德的出生地附近,该地的宗教文化依然深受马丁·路德思想的影响。[尼采和路德都出生在萨克森-安哈尔特州(Saxony-Anhalt),两人的出生地相距 70 公里。]然而,这一背景并没有阻止尼采将基督教视为他最鄙视的一切事物的源头和象征。实际上,可能恰恰是他的这种成长背景成为他最终拒绝基督教的决定性原因。他在自己的书中发起了反对基督教的个人运动,其中一本名为《敌基督者》(*The Anti-Christ*)。他反抗整个欧洲的社会、政治、道德和宗教秩序,而他本人正是在这种秩序中被抚养长大的。他相信,正是基督教借由落寞的古代犹太人发起了一场道德上的奴隶起义。犹太人受到对其压迫者怨恨和嫉妒之心的驱动,却又无法用武力击败他们,因此犹太人和后来的基督徒通过发明"善"和"恶"的概念来使奴隶的价值和利益合法化,从而赢得了对他们主人的非暴力的道德胜利。这就是自那以后主导西方的道德体系的

"谱系"，尼采认为这种道德体系有害于一切崇高之物。他认为基督教的反犹太主义只是一个诡计，目的是掩盖这些敌视强者、健康者的同谋的深厚联盟。他还把基督教描述成一种犹太人为了使病人和弱者征服世界而制造出来的阴谋，而尼采认为这些人自然地应该被健康和强壮的人所控制。

对尼采来说，道德自始至终都是人类自己的发明，在基督教的西方，我们已经走到了道德的终点。正如前基督教世界，古代贵族武士社会先于善恶出现之前就存在一样，尼采预言未来的后基督教世界也将超越善恶而存在［他有一本书就叫作《善恶的彼岸》（*Beyond Good and Evil*）］。他深信，在现代西方世界，基督教的上帝已经变得不可信了，一切建立在该信仰上的东西，"我们整个欧洲的道德"，一定会随之瓦解。在失去基督教及其道德体系的信仰而留下的空白中，尼采看到了建立适合于主人而非奴隶的、新的贵族式的、非道德的价值的宝贵契机。

尼采对这个新的、后基督教的世界的描绘是粗略的，这部分是因为它是一种未来的创造物，是一个由"高级物种"（即他所谓的"超人"）主导的世界。关键在于，这种"自由精神"将不会遵守任何现有的或已建立的规则或限制，因为这些规则或限制可能会干扰他们丰富的创造力和自然的统治地位。在不安分的"权力意志"（will-to-power）的驱使下，这些强者将在一片空白的、无边无际的画布上创造出伟大的作品，无情地用"普通人"作为"黏土"来塑造新的作品。对尼采来说，人只是一块"丑陋的石头"，需要一个像超人一样的雕刻师。这就是为什么他赞赏"无数人的牺牲，为了贵族的利益，这些人必须要沦为残缺不全的人，沦为奴隶，沦为工具"。所有这一切首先需要打破基督教道德的枷锁，摒弃同情和怜悯的"奴隶"价值观。尼采所仰慕的古希腊人没有这种颓废的情感，这就是为什么他们能够达到人类艺术成就的顶峰，同时这也是现代文明在创造性的深处失去活力的原因。

过去的"雕刻师"，当他们为了把自己的意志强加于这个世界而牺牲大量普通男女的生活和幸福时，从未有过良心上的困扰，这其中包括亚历山大大帝、尤利乌斯·恺撒、恺撒·博尔吉亚和拿破仑。尼采钦佩所有这些无情的、意志坚定的"艺术家暴君"（artist-tyrants）。但他认为强者的典范，也是他最崇敬的现代人，是一位纯粹的艺术家，而不是艺术家暴君，那就是德国诗人、作家歌德。

超人的主要目标和目的是创造文化和价值观，以填补基督教和道德所留下的空白，而政治将服从于这个目标。但是，在一个超越善恶的世界里，任何事情都是可能的，所以像拿破仑这样的艺术家暴君，必然会以他那漫溢的权力意志，将他所偏爱的形式无情地强加于人类事务之上。这就是为什么尼采称赞拿破仑为"统治艺术家"。

鉴于上述的所有观点，我们很难谈论一种尼采式的政治。

他没有提出任何积极的政治制度或目标，更不用说理论了。尼采将自己视为即将到来的后基督教、后道德世界的先知，这个世界将完全由艺术家主宰，他们可以根据自己丰沛的"权力意志"自由地塑造世界。对尼采来说，艺术是"生命的最高使命和生命本来的形而上活动"。尼采的政治服务于艺术目的。最伟大的艺术（包括政治的艺术）是通过"酒神"（Dionysian）精神与"日神"（Apollonian）精神之间的理想平衡而实现的。酒神精神（以宙斯之子、希腊葡萄酒之神和舞蹈之神狄俄尼索斯之名命名之）是指无限的、令人陶醉的激情和纯洁的意志；日神精神（以宙斯之子、希腊太阳神阿波罗之名命名之）是指秩序、和谐和良好的形式。这种平衡的结果是"激情被控制"，以美而有力的伟大作品的形式表现出来，这种作品以一种原始的、审美愉悦的方式实现了对立双方的平衡。

尼采认为，超人必须先征服自己，然后再把自己的意志强加给外部世界。超人必须是灵魂内部战场上的战士，并经过一个"自我克服"的过程；在他能够塑造外部世界之前，先（从心理上）塑造自己。尼采赞成自然冲动的那种受控的、自我约束式的表达，这种表达可以创造美、建立价值。这绝不是盲目的、不受控制的冲动可以做到的。尽管他很欣赏维京人和武士的那种健康的、粗野的、不受良心约束的统治冲动，尤其是相较于基督徒与民主人士拒绝生命式的懦弱和平庸，但他的终极理想是更高层次的。自然的权力意志必须通过创造性的想象力来表达和规范化，这在古希腊悲剧中表现得淋漓尽致。这意味着需要通过创造一个统一的自我来组织人内在混乱的情绪和冲动，在这个统一的自我中，其中一种冲动主导着其他所有的冲动，从而定义了这个人，并成为此人的个人"风格"。因此，自我的创造是艺术家首要的、必须要经历的创造。

不难看出为何尼采的观点会在纳粹分子中广受欢迎，以及为什么他会被许多人视为法西斯哲学家。尼采的著作中充满了关于"金发野兽"和"权力意志"的引用，他认为自己预言了一种野蛮的、非道德的武士伦理，这种伦理属于一种新的、天生优越的"超人"种族，他们将把普通的下等大众变成奴隶。但认为尼采是法西斯哲学家的讽刺之处在于，尼采恰恰是德国民族主义的强烈反对者（他称德国人是"奴性种族"），并经常批评反犹主义。他公开蔑视他的姐姐伊丽莎白的反犹主义观点，并且成年后大部分时间都选择在德国以外的地方生活和工作。尼采还是一位精英主义者和个人主义者，对"群体"具有本能的蔑视，对希特勒和纳粹所代表的那种民粹主义煽动行为更是深恶痛绝。如果他活的时间再长一些，他可能就会发现，纳粹是他最鄙视的大众社会的缩影。

尼采去世之后，他的声誉并不好。尼采的姐姐伊丽莎白在魏玛创建了尼采档案馆，作为一位狂热的纳粹分子，伊丽莎白邀请了阿道夫·希特勒到尼采档案馆参观，并对这次参观进行了大肆宣传。希特勒的私人摄影师海因里希·霍夫曼

（Heinrich Hoffmann）陪同希特勒一起参观，并在档案馆的主接待室里，拍下了希特勒凝视着一尊巨大的尼采半身像的照片。这张照片被德国媒体广泛报道，并出现在霍夫曼写的著名传记《无人知晓的希特勒》（*Hitler as Nobody Knows Him*）中，配以下面的文字："元首站在一尊半身像前，这尊半身像是一位德国哲学家，他的思想深刻地影响了两大大众运动：德国的国家社会主义运动和意大利的法西斯主义运动。"很不幸，霍夫曼的这张照片进一步巩固了尼采和纳粹之间的普遍联系长达几十年之久，这几乎摧毁了尼采在战后欧洲数十年的声誉。

现在尼采的声誉不仅从与纳粹主义的不当关联中逐渐恢复，而且比以往任何时候都要高。他已成为思想史上被广泛阅读和引用最多的作家之一，其影响程度之深，肯定会使这位公开蔑视民意的思想家感到惊讶，甚至惊骇。当他自己的书销量不佳时，他带着强烈的酸葡萄心理写道："面向大众的书常常散发着恶臭，小人物的气味会附着在书上。"在当今时代，使我们持续产生共鸣的，是尼采对西方文明危机的诊断，而不是他提出的治愈危机的建议，那建议甚至比西方文明的疾病更为糟糕。幸运的是，现在只有一小部分边缘群体吵吵嚷嚷地想要真诚采纳尼采的处方。但尼采对构成现代自由民主社会基础的基本假设的分析和攻击，并不是他精神不正常的产物，我们不能无视这种攻击。例如，许多世俗自由主义者一直认为，现代自由主义、平等主义和人权源于法国启蒙时期对基督教的排斥；但尼采坚持认为，现代社会的这些原则实际上是基督教道德的直接产物，基督教关注最贫穷和最弱小的人类。西方道德情操的历史学家现在即使不认同尼采对系谱学的评价，但也开始认同尼采的系谱学。尼采的系谱学不仅挑战了现代的自我形象，而且将许多现代核心价值观的命运与宗教信仰的丧失联系在了一起，这引发了道德虚无主义的幽灵，尼采认为这种道德虚无主义是现代性的核心危机。

当　代

23 莫罕达斯·甘地：战士

甘地经常被描绘成一个温和而圣洁的人。最重要的是，他是一个为正义而战的斗士——为了这场战争，他可能已经做好了牺牲自己和自己追随者生命的准备了。甘地最为人钦佩之处在于他的无畏，终其一生，毫无畏惧地面对致命的攻击。甘地领导在南非工作的印度人，发动了反对国防部长扬·史末资（Jan Smuts）的运动，在这场运动中，他完善了自己的非暴力抵抗、游行和罢工的策略，迫使政府废除了种族主义法律。在这些斗争中，甘地忍受了近 20 年的殴打、私刑和可怕的监禁。1914 年 1 月，在南非的欧洲铁路工人因经济原因举行大罢工，这威胁到了白人少数派政府的生存。甘地立即叫停了他先前宣布的抗议游行，理由是他认为利用对手的弱点是不对的。甘地出人意料的让步让史末资措手不及。史末资的一位秘书这样向甘地描述了史末资的困惑：

> 我不喜欢你们的人民，也不想帮助他们。可是我该怎么办呢？在我们需要帮助的时候，你帮助了我们。我们又怎么能去伤害你呢？我常常希望你能像英国罢工者那样采取暴力手段，那样我们就能立刻知道应该怎么处置你了。但你甚至不会去伤害你的敌人，你渴望通过自我折磨

来获得胜利，而且永远不会逾越你强加给自己的礼节和骑士精神的界限。这使我们不知所措。

1914 年 6 月，甘地和史末资进行谈判，通过了一项新的印度救济法案，恢复了南非印度人群体的基本权利。一个月后，甘地起航返回印度，他的使命是将他的祖国从几个世纪不公正的英国统治中解放出来，同时维护印度和英国之间的友谊。甘地在印度的运动最终取得了成功，但让自己和其他人付出了可怕的代价——1948 年，甘地本人被一名印度教徒暗杀。他的敌人，无论是在南非还是在印度，对他的极端非传统策略都经历了 5 个阶段的态度转变：冷漠、嘲笑、虐待、镇压，最后是尊重。事实上，扬·史末资曾一度鄙视他的这位印度对手，最后他却成为甘地一生的朋友和仰慕者。

甘地是解决人类冲突的杰出战略家，是不使用暴力的拿破仑。在历史上伟大的战士中，甘地之所以独树一帜，是因为他战胜了比他强大得多的对手，将忍受痛苦甚至死亡的勇敢意志与不伤害、不杀戮的坚定决心结合在了一起。甘地认为暴力是弱者的武器，弱者杀人是出于他们对死亡的恐惧。甘地最痛恨的就是胆怯地屈服于压迫：宁愿站着死，也不跪着活。最好战的印度人（帕坦人，the Pathans）也是非暴力抵抗最伟大的实践者，对此甘地并不感到惊讶。他常说，你永远无法教会一个懦夫非暴力。英国政府授予甘地勋章，表彰他在布尔战争（1899—

1902 年）中作为一名救护车司机在战斗中的英勇表现。

　　甘地是西方基督教和东方印度教最高理想的产物。他出生于印度，年轻时曾前往伦敦当律师。他非常尊重英国的法律和自由，可以说，他的一生都在致力于让南非和印度的英国统治者实践他们自己法律正义的理想。在伦敦期间，那时甘地还没成为印度教修道士，他头戴礼帽，穿着燕尾服，学习交际舞、拉丁语和法语，还学习了小提琴。更重要的是，甘地在伦敦见到了一群形形色色的虔诚基督徒和没有基督教信仰的和平主义者、素食主义者、女权主义者及社会主义者。具有讽刺意味的是，甘地在伦敦探索、研究的基督教理想，却最终引导着他回到了印度教。他的第一个实验公社（后来被称为修行所）以伟大的俄国小说家和基督教和平主义者托尔斯泰之名命名，被称为托尔斯泰农场（Tolstoy Farm）。在历史上的圣人中，甘地是最没有宗教教派的：他的印度教徒有时会抱怨他太像基督徒。他坚持对世界上几大宗教一视同仁。他会说，不管你信奉哪种宗教，你都应该努力成为那种宗教的最好典范。

　　甘地非暴力抵抗的理想萌发于他初次接触福音耶稣之际。甘地总是把耶稣称为非暴力抵抗的最伟大的实践者。耶稣对那些受罗马压迫的犹太人说："有人打你右脸，连左脸也转过来给他打；有人想要拿你的里衣，连外衣也由他拿去；有人强迫你走一里路，你就同他走二里。"根据罗马法律，士兵可以要求平民背着他的背包走一里。所以，耶稣说，当一个罗马士兵不公正地要求你给他背着包走一里时，你要主动提出走两里。为什么要以善来回应罗马的恶？通过惩罚自己，你把压迫者的罪行又重新抛回到了他的身上。欺压你的，若有良心，必受你责备的刺痛。甘地笔下的耶稣是通过积极的非暴力来抵抗罗马帝国的斗士，而不是通过消极的非暴力来抵抗恶行的温顺倡导者。

　　甘地对圣洁的追求既是个人的也是政治性的。早在他年轻时，甘地就已经越来越对自己的性欲和其他欲望感到困扰。他渴望内心的平静和对自己身体欲望的哲学性超越。与此同时，作为一名在南非工作的年轻律师，他也越来越对自己所目睹的白人对统治的渴望和非白人的懦弱顺从感到不安。刚到南非时，甘地本人就因为肤色而被从头等车厢里赶了出来。他的使命是研究个人心理和社会压迫之间的关系。和亨利·大卫·梭罗（美国的一位自然主义者、激进分子）、约翰·罗斯金、列夫·托尔斯泰一样，甘地也深信现代资本主义通过煽动人们对越来越多的商品的欲望，通过刺激嫉妒和社会竞争，正在一步步地创造阶级和种族压迫的心理基础。甘地以他的英雄苏格拉底为榜样，始终坚信世界的和平与正义取决于每个人灵魂的平静与和谐。因此，他的社会正义运动总是植根于他的苦行者修行所的自律，致力于自愿贫困。

　　甘地的禁欲主义是世俗性的，是为和平与正义服务的。所有的士兵都必须受到严格的训练，这样他们才能忽视身体的欲望，学会接受痛苦，甚至死亡。这同样适用于僧侣，他们的苦行正是这样一种训练：通过学习牺牲较小的渴望和欲望，最终使自己能够牺牲自己的生命。非暴力抵抗所需要的勇气建立在多年的自我控制、自我净化和经受苦难的苦行训练的基础之上。甘地的追随者们正式宣誓节欲、贫穷和服务；他们被要求禁食、锻炼、工作和祈祷。这些自我完善的实践既是自身的目的，也是培养争取社会正义的勇士的手段。个体的自我完善是治愈世界的必要基础。甘地有句名言：欲变世界，先变其身。

甘地创造了一个新词来描述他的世俗禁欲主义：Satyagraha。这个词基于印地语"satya"，意思是"现实"或"真理"。Satyagraha 的意思是"坚定追求真理"，甘地曾将其解释为"通过使自己受苦来征服对手"。坚定追求真理的成果是非暴力抵抗的勇气或"不害"（ahimsa）的勇气。如果我们愿意去死，那么就不需要通过暴力来保护我们的生命。传统上苦行训练是属于精英的；没有任何宗教传统要求每个人都这样做。但甘地相信，几乎所有人都能够做到这一点：他的目标是使禁欲主义的理想民主化。他严格的纯素饮食几乎害死了他的妻子、孩子和他自己，而且他与家人的关系，说得委婉一点，也因为其他的戒律而变得紧张。甘地主义甚至对甘地本人来说都是不可能的。至于他的大批追随者，他们大多都在甘地的各种竞选活动中最终诉诸了令人震惊的暴力，特别是在印度。甘地人生的最后 30 年，致力于在统一的印度为印度教徒与穆斯林之间的友谊工作，最后他却目睹了大范围的屠杀、残酷的种族间暴力和第一次印巴战争。虽然印度和巴基斯坦在没有与英国作战的情况下就获得了独立，但甘地认为他毕生的事业是完全失败的。

甘地既是战士又是圣人。他是最具哲学智慧的政治家，也是最具政治性的哲学家。除了真理、暴力和禁欲主义理论外，甘地还重新思考了政治中目的与手段的整体关系。他始终坚信，暴力和非暴力不是达到同一目的的两种手段，比如印度的独立。他深信，诉诸暴力与诉诸非暴力所创造的未来是截然不同的。首先，我们每个人都根据自己的选择——选择去行动或者去受苦——来塑造自己的性格。如果我们选择暴力，那么我们就形成了暴力的性格。一个暴力的人如何创造真正的和平呢？其次，作为一名侠义战士，甘地总是期待与对手和解并建立友谊。通过用爱之剑和真理之甲战斗，他创造了与他以前的敌人和谐相处的基础。最后，甘地很欣赏政治的不确定性：我们只能确定我们目前的选择。所以，为了不确定的未来而牺牲今天能做的善事对他来说是没有意义的。我们的手段成为我们的目的：只有和平的手段才能带来真正的和平。对甘地来说，非暴力不仅是一种政策，也是一种道德信条。

甘地认为，他的非暴力抵抗信条既是普遍适用的，也是具有道德纯粹性的。非暴力抵抗的逻辑是为压迫者的罪行而惩罚自己，从而谴责压迫者的良心；如果压迫者没有良心，那么对良心的非暴力诉求就会失败。民族国家通常是没有良心的，因此国家之间的和平主义通常意味着对侵略者的绥靖——甘地也谴责在 1938 年的《慕尼黑协定》中对希特勒的绥靖政策。在纳粹政权中，恶的意识形态完全或部分地遮蔽了国民的人道良心。在不可能诉诸人道良心的情况下，非暴力抵抗无法制止恶行。史末资将军可能会被调走，但海因里希·希姆莱（Heinrich Himmler）不会。此外，甘地式政治依赖于自由交流来达成直接行动中的协作。如果所有非暴力抵抗运动的领导人都突然消失了，又怎会有什么集体行动的希望？由于这些原因，甘地式政治只有在享有基本公民自由的国家中才是有效的。当被问及纳粹德国的犹太人时，甘地认为，他们只能选择集体自杀。

如果甘地式非暴力抵抗不具有普遍适用性，那么它是否具有道德上的纯粹性呢？不幸的是，集体行动总是使无辜的第三方受害。甘地在印度抵制殖民政府，却导致了兰开夏郡的纺织工人被解雇。抵制和罢工总是给许多非冲突方的人带来伤害和代价。此外，在他的许多同时代人看来，甘地自我惩罚的绝食是一种道德敲诈。在这种"绝食至死"中，他威胁他的对手"除非你停止你正在做的事，否则我将饿死自己"。这也许不像杀人那样具有强制性，但仍然是强制性的。没有某种形式的强制，政治是不可能的。甘地的非暴力强制往往比暴力强制更为有效，在道德上也更加优越，但即使是非暴力政治，也是不可能具有道德上的纯粹性的。

　　然而，甘地的天才之处在于，他证明了禁欲主义的训练有助于维持非暴力抵抗的英雄政治。他最有名的继承者是牧师马丁·路德·金，他让他的追随者学习非暴力抗议和忍受苦难的策略。马丁·路德·金的非暴力政治旨在废除美国南部所实施的种族隔离法律。他之所以成功，是因为美国公民享有基本的自由，也因为大多数美国南部人的良心并没有对种族公正的诉求充耳不闻。也许甘地式政治最为成功的实践是在 1989 年的东欧：大规模的抗议人群数月来坚持忍受着真实的、具有威胁性的暴力，最终推翻了波兰、捷克斯洛伐克、罗马尼亚、保加利亚、匈牙利、东德和波罗的海国家的政权。如果有足够多的人决定不与恶合作，那么任何恶的政权都无法生存。政治学家发现，非暴力抗议运动通常是推翻专制政权的最有效手段。

　　甘地的政治并非在所有地方都能奏效，也不具有道德上的纯粹性。但是在大多数情况下，它提供了一条比暴力更好的通向社会和政治正义的道路。在他那个时代，进步人士常常谴责甘地式政治是中世纪的、反动的；然而，未来似乎很可能依然属于这位追求和平的僧侣和战士。

24　汉娜·阿伦特：被遗弃者

汉娜·阿伦特曾两次惊险地从纳粹手中死里逃生。1933年，她在柏林被盖世太保逮捕并关押了8天。获释后，她迅速逃往巴黎，在那里她因自己犹太人的身份，被开除了德国国籍。（在战后成为美国公民之前，她一直是无国籍人士。）纳粹在1940年入侵法国时再次将其逮捕，她作为一名"敌国侨民"被关押在西班牙边境附近的一个集中营里。幸运的是，那年夏天法国沦陷，在一片混乱中，阿伦特得以逃离集中营。阿伦特一直保持低调，直到纳粹建立的新傀儡政府暂时放松了出境许可政策，立刻和丈夫逃往了美国。当她1941年抵达美国时（那时她35岁），口袋里只有25美元，英语水平也很有限，她的那些成名作也都尚未完成。但作为一位遭受极权主义政权迫害的受害者，两次被迫流亡的经历对她的政治观产生了不可磨灭的影响。因此，正是在这一背景下，阿伦特开始写作《极权主义的起源》（*The Origins of Totalitarianism*）一书，这本书使她首次获得了公众的关注。

20世纪60年代初，阿伦特的《艾希曼在耶路撒冷》（*Eichmann in Jerusalem*）在《纽约客》杂志上首次刊发，这使她的公共形象跌到了谷底。1961年，阿道夫·艾希曼（Adolf Eichmann）因参与纳粹大屠杀而在以色列接受战争罪审判，担任《纽约客》记者的阿伦特亲眼见证了这次审判。令人震惊的是，阿伦特把艾希曼描绘成了一个大屠杀事件中平庸而粗心的官僚，一个"可怕的正常人"，而不是一个极端的、狂热的纳粹空想家，这在当时引起了极大的争议（现在依然存在着激烈的争论）。她提出的关于审判本身合法性的问题也引起了极大的争议。她还挑衅性地指责一些犹太复国主义者持有过时的民族主义观点，这些观点与德国民族主义一样，都源自19世纪的种族主义土壤。最糟糕的是，她对那些在战争期间为犹太人委员会（由纳粹授权）工作的犹太人做出了苛刻的评判，甚至暗示那些犹太人参与了大屠杀，这引起了人们对她的激烈指责，称她是在"谴责受害者"。战前，她在德国人中是一个被遗弃的犹太人；战后，她又在自己犹太人同胞中成为被遗弃者。虽然阿伦特在美国社会算不上被遗弃者，但作为一位流亡的欧洲知识分子和独立女性，在战后美国中产阶级的大众消费社会（她在那里度过了余生）中，她依然感到格格不入。

战前，这位年轻的德国女性研究的是哲学和神学，而非政治，那时她还对政治没什么兴趣。但1933年纳粹掌权后，一切都变了，她被迫逃亡。20年后，在美国，她的观点完全改变了；此时的阿伦特认为，政治具有独立的价值和重要性，但在现代社会却很少有人理解和欣赏这一点。她批判自柏拉图以来哲学对政治的支配倾向。阿伦特宣称，从西方思想起源之时的柏拉图以来，西方哲学家们几乎无一例外地都有这种原始的反政治偏见，这种偏见扭曲了公众生活，削弱了我们的判断力，且往往会带来灾难性的后果。阿伦特反对这种历史悠久的思想传统，希望恢复古希腊人对政治的原初理解。根据这种理解，参与公共生活并不像托马斯·潘恩所说的那样，仅仅是一种必要的恶；相反，参与政治生活对我们的人性是至关重要的。阿伦特认为，自柏拉图以来的西方哲学家没有认识到政治行动至关重要的存在意义，并否定了其内在的高贵性。阿伦特的这种观点招致了一些批评，反对者指责她对古希腊有一种"遥远的乡愁"，且对哲学有一种反智主义的敌意。

阿伦特最重要的政治著作《人的境况》（*The Human Condition*）对这一观点进行了最为清晰的阐述，这本书解释了"政治"在古希腊的原始含义，以及为什么人本质上是一种政治动物（正如亚里士多德所言）。这本书区分了三类活动：劳动、工作和行动。

阿伦特认为，对于古希腊人来说，劳动是最低级的、最基本的人类活动，我们与所有的动物都有这一类活动。它最接近自然，旨在通过满足我们基本的生物需求（比如吃）来实现生命的自我维持。相比之下，工作不仅仅是身体上的生存，它所从事的活动还创造了一个持久的对象的世界，比如技术、建筑和绘画，这些东西不仅仅是用来维持我们的生存的，而这也是动物永远不会做的事情。阿伦特认为，这就是为什么古希腊人把工作看得比劳动重要。而对古希腊人来说最高级的活动是行动，属于政治领域，他们将之视为共享的公共空间，自由公民在政治领域相聚并讨论他们城邦的共同事务。在这一过程中，古希腊人行使了自己的公民权，揭示了他们的个人身份，确认了一个共同的公共世界。阿伦特告诉我们，对古希腊人来说，没有什么比这种特殊的聚会形式更能体现人性了，她把这种聚会视为古希腊政治的精髓。较次要的劳动和工作活动被严格地限制在受需求所支配的私人领域（家庭、农场、作坊、市场），而行动则只发生在公共领域——它是自由的领域。对阿伦特来说，自由只有积极参与公共事务的公民才能体验到，那些不受政治束缚、可以为所欲为的个人是无法体验到自由的。

正如阿伦特所描述的，在古希腊城邦的古典世界中，政治舞台是公民超越自然，通过集体行动而形成人类认同的地方。我们需要在一个共同的公共空间里一起行动和言说，以确认我们共享的现实。这就是为什么古希腊人轻蔑地称那些只关心自己私人事务的公民为白痴，而不是一个政治人——首先致力于公共利益的公民。那些选择忽视公共职责而去追求哲学的哲学家，和那些被排除在政治之外、没有公民身份的奴隶一样，是古希腊意义上的白痴，因为用阿伦特的话说："过着完全独处的生活首先意味着被剥夺了真正人类生活所必不可少的东西。"这是对亚里士多德中心论点的肯定，即我们不能在政治之外过上真正的人类生活。阿伦特相信政治是人类的创造，使得我们尽可能地远离了自然；与之相反的是，亚里士多德断言，我们本质上是政治动物。霍布斯和洛克通过将政治认为是保护我们生命的主要手段，来为政治辩护；阿伦特认为这是错误的，因为政治的存在主要是为了赋予人类生命以意义。

阿伦特认为，哲学家和暴政之间有一种天然的政治亲和力。哲学家们宣称拥有真理的知识，并试图把它强加给其他人，必要时甚至还会使用武力。这就是为什么柏拉图反对民主，支持由仁慈的哲人王进行统治。他把统治视为一门科学，一位开明精英受过适当的训练，就可以了解并保护每个人的利益。但在阿伦特看来，这种家长式的统治与古希腊人最初对政治的理解恰恰相反，古希腊人认为政治是在众多公民之间公开分享自己的言行，从而创造一个共同的世界，而不是追求真理。对阿伦特来说，将政治抛给哲人王、理论家、技术官僚或开明暴君等精英阶层，对人性来说是毁灭性的，因为人性要求共享的公共世界的存在，从而人为地将公民团结在一起。她认为，犹太人的历史悲剧在于，他们一直是政治上的被遗弃者，被排斥在公共领域之外，这剥夺了他们的人性和政治现实感。她担心这将成为现代社会的普遍特征，从而使得现代社会容易受到一系列政治病态的影响，如极权主义和部落民族主义。在她看来，抵御这些危险倾向的最佳方法，是恢复最初的古希腊政治概念，恢复那些能够维持这种政治概念的制度和价值观念。

阿伦特认为，在现代，政治已经退化成经济的附属品，这彻底颠覆了古希腊对工作、劳动和行动之间关系的认识；政治越来越致力于促进公民的财富和身体健康，而不再是成就伟大言论和不朽事迹的场所；资本主义制度和社会主义制度都是如此。根据阿伦特对古典政治的定义，两者从古典意义上讲都是反政治的。尽管古希腊人将所有生产和消费问题都归于低级的私人生活层次，而公共领域则不受任何与劳动和工作有关的事情的污染，但现代人却全神贯注于"政治经济"——这在古代思想看来是自相矛盾的，正如阿伦特所理解的那样。但实际上这一观点可能是阿伦特对古代人的误解，因为雅典人实际上经常在公开场合辩论财富和税收的分配问题。阿伦特批评法国大革命关注的是社会正义、贫困和经济不平等问题，在她看来，这些问题并不在政治的范围之内。根据她对政治的纯粹的、古典式的理解，对他人苦难的同情应该被排除在公共领域之外，公共领域应该致力于为公民创造一个共同的言行世界。

根据阿伦特的观点，卡尔·马克思的思想就是这种现代趋势的一个典型。她认为马克思对劳动的推崇是那种可以追溯到柏拉图时代的反政治观点的另一种表现。的确，马克思和恩格斯相信，在共产主义制度下，国家是不必要的；国家最终将"消亡"，取而代之的是一个可以自我调节的社会，有着自发的合作和善意。换句话说，政治本身最终将消失。对马克思来说，劳动是"人之人性的表现"，而根据阿伦特的说法，对古希腊人来说，劳动是最缺乏人性的活动。在资本主义阵营中，约翰·洛克捍卫了这样一种观点，即除保护财产外，政府没有其他目的；而对阿伦特来说，对财产的考虑应该被完全排除在政治之外。

阿伦特认为，现代社会的一个突出特点就是贫富问题越来越多地进入到公众生活当中，那么就像马克思所预言的那样，真正的政治最终将会消失，取而代之的是阿伦特所认为的"社会"，是"政治与私人之间那种奇怪的、有点混杂的领域"。社会有一种群体的一致性，这与真正的公共领域的多样性和自由背道而驰。阿伦特强烈反对社会问题进入政治、政治问题进入社会，因为如果这样的话，政治将失去其人性化的特征。例如，她认为政府的立法无权反对社会上的不平等和歧视。平等——政治体（body politic）的"核心原则"——只适用于政治层面，即公民之间的平等，而不适用于社会层面，即群体之间和个人之间的平等。歧视也只在社会层面是合法的，而在政治层面绝不合法。正是由于这个原因，阿伦特反对美国在战后企图将种族隔离定性为犯罪的做法，这一有争议性的立场使她在左派中树敌众多；出于同样的原因，她支持美国战后废除在社会中加强种族隔离的法律，这又使她在右翼中树敌不少。这两项政策都是政治和社会相互渗透的例子，阿伦特认为，如果想保持政治的真正特性，就必须要抵制这种渗透。

没有哪位现代思想家比阿伦特所描绘出的政治更为崇高，也没有哪位思想家能比她更深刻地理解把公共世界的责任交给他人所带来的严重风险。阿伦特对古希腊城邦的理想化构想提醒着我们，最好的政治世界是一个人性化的领域，在其中，伟大的事情是有可能发生的。它可以成为一个有勇气、有鼓舞人心的言论、有自由、有公民之间共同行动的场所；它使我们超越琐碎的关切和利益，并为我们的共同活动和成就提供条件。对于我们这样一个与政治如此疏离的时代来说，这是一个非常有益的教训。但是，在历史上很少有这样的政治实践，甚至是近似于这样的政治实践，以至我们一定会怀疑，它是否只有在一个英雄的人种中才是可能的，普通公民不配享有这样一种政治实践。甚至古代雅典也没有达到这种理想的境界，因此那可能只是一种乌托邦式的空想。阿伦特给出的现代政治行动的具体例子是革命，但革命是一种例外状况，因此无法成为一个稳定政治秩序的合适基础。即使是现代革命，也常常导致连阿伦特都会谴责的政治灾难。但是，有理想来指导我们的行动，并提供一个衡量行动的行为标准，肯定要比一个漫无目的的、空洞的纯粹实用主义政体来得好。

25 弗里德里希·哈耶克：极端自由主义者

1974 年，奥地利裔英国经济学家弗里德里希·哈耶克获诺贝尔经济学奖。对此，他的惊讶之情与瑞典经济学家纲纳·缪达尔（Gunnar Myrdal）在得知自己不得不与哈耶克分享这一奖项时的惊讶之情不相上下。自 1969 年诺贝尔经济学奖设立以来，哈耶克是该奖项得主中首位支持自由市场的学者。哈耶克在当时是备受争议的人物，以至诺贝尔奖委员会不得不把奖项分别授予他和缪达尔两个人，后者是社会民主和福利国家的拥护者。纲纳·缪达尔是一位"凯恩斯主义者"，甚至早在英国先驱经济学家约翰·梅纳德·凯恩斯（John Maynard Keynes）之前，他就主张政府采取干预措施，通过财政和货币政策来稳定经济了。与之相对，哈耶克是凯恩斯宏观经济政策的主要反对者。在战后，凯恩斯宏观经济政策几乎被所有民主国家所采纳；1974 年，据报道，甚至连美国共和党总统理查德·尼克松也曾打趣地说道："现在，我们都是凯恩斯主义者。"

当时正处于凯恩斯主义乐观心态的鼎盛时期，人们普遍相信政府管理经济的能力，在这种情况下，哈耶克对自由市场的有力捍卫似乎已明显过时。后来，缪达尔蛮横地要求取消这次诺贝尔经济学奖，反对把它授予哈耶克这样的"反动分子"。然而，实际上哈耶克并没有声称政府永远不应该干涉经济：他支持提供公共社会保险，以保护所有公民免于极度贫困。如果纯粹的自由主义者是主张将政府完全限制在警察和军队的范围内，那么哈耶克就应该属于温和的自由主义者。尽管哈耶克受到一些保守思潮的影响，但他拒绝被贴上"保守主义"的标签，并认为自己是亚当·斯密传统中的"古典自由主义者"。尽管哈耶克被社会民主党人士斥为反动分子，但对于许多纯粹的自由主义者来说，哈耶克的思想又不够自由。当时主要的自由主义作家艾茵·兰德（Ayn Rand）就曾谴责哈耶克是"我们最有害的敌人"。

　　弗里德里希·奥古斯特·冯·哈耶克是属于 20 世纪的人：1899 年出生于维也纳，在英国和美国任教，于 1992 年在德国弗赖堡去世。他总是与他所处时代的主流思想逆向而行。在一个被灾难性的民族主义吞噬的世纪里，哈耶克仍然是一个世界性的国际主义者；在一个社会主义、法西斯主义和社会民主主义管理经济的世纪里，哈耶克仍然是自由市场的倡导者；在一个政治集权的世纪里，哈耶克仍然是分散政治权力和经济权力的拥护者。

　　20 世纪的法西斯主义者和社会主义者是怎么产生他们可以操纵一个大工业社会的整体经济的想法的呢？这种想法不是来自卡尔·马克思，而是来自第一次世界大战的经验：极权主义是从全面战争中诞生的。在战争期间，民主政府和专制政府以军事需要的名义，对政治和经济活动施加严厉的控制。整个国家的经济都被政府征召、管理和指导，以提供人力和物资。意识到一个庞大而复杂的现代经济体可以像一个公司一样运作，并成为政府权力的工具，这永远地改变了政治。独裁者找到了一种新的政治权力的来源，社会民主主义者找到了一种新的促进经济平等的途径。与其让市场来决定生产什么和以什么价格生产，为什么不直接让政府——为了国家、政党或工人的利益——来做这些决定呢？

另一种战时经济体的经验——第二次世界大战期间的英国——使哈耶克确信，即使是民主国家也会出于政治目的而选择去操纵经济和社会，变成极权主义国家。乔治·奥威尔从自己在战争期间为英国政府工作的经历中得出了同样的结论：我们回想一下在《1984》中奥威尔对极权主义未来的噩梦般的想象，这一想象与其说是受到希特勒或斯大林的启发，不如说是受到战时英国的启发。哈耶克在他自己最畅销的书《通往奴役之路》（*The Road To Serfdom*）中，对逐渐蔓延的极权主义发出了警告。哈耶克认为，出于政治目的管理经济的诱惑最终会带我们走向专制主义。他认为战后福利国家的计划尤其阴险，因为这些计划以住房、教育和医疗保健的名义限制了经济自由——通往奴役之路，常由善意铺成。

在哈耶克写这本书时，他已经以对凯恩斯新宏观经济学的敏锐攻击而在经济学家中闻名了。尽管凯恩斯与哈耶克在经济理论和政策上存在分歧，但凯恩斯依旧认同哈耶克对战后世界经济和政治自由未来的担忧的。实际上，凯恩斯对《通往奴役之路》大加赞赏，因为它有力地捍卫了市场和自由。然而，凯恩斯在给哈耶克的信中指出，哈耶克拒绝纯粹的自由主义，但允许相当广泛的社会保险计划，如此看来，哈耶克也在通往奴役之路。凯恩斯说，哈耶克没有找到用以区分促进自由的政府政策和破坏自由的政府政策的原则。

受凯恩斯批判的启发，哈耶克放弃了经济学，转而研究政治和法哲学——他希望借此发现一个用以区分善法与恶法、好的公共政策与坏的公共政策的理论基础。这种探索使他开始深入研究人类社会、文化和制度的基础。哈耶克反对那种认为人类过于有智慧，因此人类文化极其复杂的观点。哈耶克认为，事实恰恰相反：人类之所以有智慧（尽管容易犯错），主要是因为我们身处复杂的语言和文化之中。理性是一种社会制度，体现在无数的文化实践中。哈耶克同意埃德蒙·柏克的观点——个人是愚蠢的，但人类是聪明的——我们个人的理性存量是微不足道的，我们应该利用我们文化传统的财富和资本。我们的制度所包含的知识和智慧要比我们个人所能理解或愿意承认的要多得多。

在哈耶克看来，柏克认为市场比个人更聪明，这是柏克对经济计划进行批评的基础：没有哪个计划者（即使配备了超级计算机）能像无数的买家和卖家那样了解那么多。市场整合了数百万的生产者和消费者的经济知识：一个计划者如何可能获得所有的这些地方性的、个人性的知识呢？消费者知道他们想要什么，他们能买得起什么；生产者知道他们的成本和储备。我们的许多经济知识都是隐性知识，它们体现在我们的交易、地方习俗和个人习惯之中。一个中央计划者是不可能完全捕捉所有这些不同种类的知识的，因为这些知识是无法被作为个体的人所完全意识到的。

哈耶克区分了两种秩序：一种是我们在自然和文化中发现的自发秩序，另一种是我们在人造物或军队中发现的设计秩序。自发秩序是有机地生长起来的，就像语言和道德一样，而设计秩序则总是被有意制造或强加的。在自发秩序中，例如晶体或市场的形成，我们可以预测其生长的模式，但不能预测任何特定的个体元素会如何发展。哈耶克认为，这解释了为什么经济学永远不会具有像物理学一样的预测能力。经济学更像生物学，因为生物学也不能预测任何特定有机体的生存，但可以预测一个物种形成和灭绝的模式。哈耶克认为，经济学家甚至无法对经济表现作出预测，更不用说对经济目标作出计划了。

这两种不同的秩序是如何与人类自由相联系的呢？自发秩序，如语言或市场，其本身没有任何目的，而只是为了促进使用它的个体的目的。因此，它促进了个人选择的自由。然而，一个组织的设计秩序则体现了其设计者的目的：一个公司或军队会将其领导者的目的强加于所有成员。

因此，哈耶克试图表明，他对个人自由的偏爱是植根于人类知识和社会秩序的结构之中的。自由市场创造了无限复杂的社会生态；在我们甚至都不清楚自由市场是如何运作的情况下，我们应该极其警惕那种试图利用自由市场以达到暂时的政治目的的举动。例如，2008 年全球金融危机的部分原因就在于，货币监管机构无法理解复杂金融工具所产生的新型货币。20 世纪的历史表明，市场生态是极其脆弱的，刹那的政治激情就能轻易将其摧毁。

在哈耶克的描述下，自发的社会秩序和设计的社会秩序似乎是相互排斥的。他告诉我们，自发秩序包括"道德、宗教和法律、语言和文字、金钱和市场"，而设计秩序则包括"家庭、农场、工厂、公司、企业和政府"。

哈耶克认为，市场是自发形成的，而政府是刻意设计的产物。他把自发秩序的增长比作晶体的增长。哈耶克是对的，我们不能通过把每个分子都放到合适的位置来制造晶体，但是我们可以创造条件来让晶体生长。晶体是自发生长的，同时也是经过精心设计的。为了在实验室中培育晶体，研究人员首先要设计一个基质来组织晶体的生长。这个基质不能精确地确定每个新分子的位置，但它为晶体的自发生长提供一种模式。简而言之，晶体既是生长的，又是制造的；既是自发的，又是设计的。

同样的，宪法和立法通过告诉我们什么可以买卖（从土地到创意），为我们提供了市场生长的基质——这意味着市场是自发的，也是设计好的。只有当我们知道了什么是可以合法买卖的时候，我们才能放心地进行交易。通过立法废除长子继承制，将工人从土地所有者手中解放出来，并允许放贷，土地、劳动力和资本的现代市场才成为可能。市场每天都被新的立法或法规所创造：污染治理市场、医疗保险市场、家庭教育市场。是的，市场的确是自发地成长起来的，但只有当一个定义财产权的法律基质被精心制造出来时，市场的自我成长才有可能。

哈耶克认为，市场是为了我们个人的目的服务而自发地出现的，所以市场促进了人类的自由；相比之下，政府计划是为统治者的目的服务而被精心设计出来的，所以它限制了个人的自由。然而，哈耶克自己关于晶体生长的例子表明，社会秩序始终既是被设计的，又是自发的。现代市场在一定程度上是由立法创造的，现代福利国家本身也是在过去一个世纪里，作为对市场失灵的零星回应而自发发展起来的。市场和政府不像自由和强制那样截然对立。

哈耶克的观点是对的，市场生态对可行的公共政策施加了限制。但这些限制与广泛的各种政策——从哈耶克自己的温和自由主义到强大的社会民主主义——是一致的。哈耶克准确地警告我们，不要像在战时那样试图把市场转变为政府组织。在极权主义的中央计划面前，市场和市场带来的经济自由将会消亡。与此同时，如果没有政府、立法和法院来确保财产权和其他权利，市场和共同法则就无法生长起来。但在无政府主义和极权主义之间，存在着一大批法律和立法、市场和福利、私人主动性和公共管理的可能的混合体。

哈耶克向今天的我们提出了挑战，要求我们找到在不损害市场效率的情况下保护所有公民的基本人类需求的方法。例如，由于技术的迅速发展，某些行业的工人变得多余，我们能做些什么来帮助他们呢？政府试图通过提供公共补贴来支持由这些工人所生产的产品的价格，或者通过对与国内产品相竞争的进口产品征收关税来提供帮助。哈耶克坚持认为，这些公共政策严重扭曲了供求的自然平衡，从而造成了极大的效率浪费。他认为，与其使用价格支持或进口关税来保护国内工业或农业，不如为所有公民提供最低收入保障。我们应该保护的是工人，而不是他们过时的工作。这样，一个动态的市场经济就能与所有人的经济安全相适应。

哈耶克声称，中央经济计划永远无法与自由企业的绝对生产力相提并论——战时动员可能是个例外。因为哈耶克是在大萧条中的资本主义崩溃时期提出这些观点的，所以他经常被人们嘲笑或忽视。但他活了足够长的时间，长到足以看到苏联和东欧社会主义国家的崩溃，这证明了他的观点是正确的。现在，只要你承认市场的不可或缺性，那么你就是一位哈耶克主义者。

26 约翰·罗尔斯: 自由主义者

和马基雅维利一样, 约翰·罗尔斯很清楚运气 —— 无论好坏 —— 在我们生活中扮演的中心角色。他个人很幸运地出生在一个职业家庭中, 这个家庭为他提供了稳定舒适的成长环境和一流的教育。但即使作为巴尔的摩富裕的中产阶级, 罗尔斯一家也未能在两次世界大战期间幸免于难。罗尔斯本人生病并最终幸存了下来, 他的两个兄弟却因受他感染致死, 这使他非常痛苦; 在第二次世界大战中, 罗尔斯在太平洋作战, 他的很多战友都战死了, 而他依然幸存了下来。罗尔斯后来写道, 在广岛被摧毁后不久, 他穿过燃烧的废墟, 直接目睹了无差别轰炸造成的可怕后果, 他后来谴责这是 "巨大的错误"。在他生命的最后, 罗尔斯写道, 那些使他获得勋章的战时经历, 粉碎了他对神圣正义的信念。在 1943 年加入美军之前, 他本来准备学习成为一名圣公会牧师, 但因为战争, 三年后他成为一名无信仰者。他把他的余生都奉献给了道德和政治哲学, 而非神学研究; 他致力于寻找一种世俗的正义理论, 以中和残酷的运气对我们生活的影响。这一研究的成果便是《正义论》(*A Theory of Justice*) , 20 世纪最重要、最具影响力的政治哲学著作之一。

罗尔斯声称, 如果一个社会像买彩票一样运作, 我们每个人的命运都由随机的运气决定，那么社会就不可能是公正的。没有人有正当的理由要求自己获得可以意外从中受益的好运气，如天赋和继承的财富；同样的，那些残疾人或在生活中遭受不幸的人也没有正当的理由认为，自己不应该遭受这种意外运气所带来的不良后果。罗尔斯认为，这些随机后果"从道德的角度来看是任意的"，因此不应该成为影响我们生活前景和机会的因素。它们从根本上来说，是不公平的。相反，人们应该"同意彼此命运与共"，以解决运气的任意性和不平衡所带来的影响，这样每个人都享有平等的机会过上美好的生活（无论他们对美好生活的理解是怎样的）。善和资源的分配要遵循公平正义原则，不能盲目碰运气。

但是这些原则是什么呢？我们怎样才能找到它们呢？在回答这些问题时，罗尔斯邀请他的读者思考，如果他们在一个假想的"无知之幕"（veil of ignorance）下，对自己的生活环境一无所知，他们会选择怎样的财富和财产分配方式。这个思想实验的目的是让我们脱离我们的个人环境来考虑这些原则，因为我们各人所处的环境很可能使我们的判断偏向于我们自己的私利。这种想法类似于在法庭上，有意不告知陪审员与被告无关的事情，这样他们对案件的判断就不会受到偏见的影响。这就是为什么我们说正义是盲目的：正义没有，也不应该看到不相关的东西。如果陪审员在审判中被告知与被告有关的有罪事实，法官应指示他们不予理会。但这并不意味着他们真的就可以忘记，因为你不可能强迫自己去忘记某件事。但在审议案件时，为了确保公平，就要把与被告有关的信息抛在一边。如果我们在思考正义时，不知道自己最终会处于社会中的什么位置，那么即使是自私的人也会做出公正的选择。罗尔斯称之为"作为公平的正义"（justice as fairness）。

通过这种方法，一个理性的利己主义者会做出最安全的选择，以防他最终在一个不平等的社会中处于最底层。这样，他的处境就不会比其他人更糟。具体来说，根据罗尔斯的观点，理性和公正的人，当其处于一种假想的"无知之幕"后，对自己在社会中的地位一无所知时，会选择两个正义原则来支配社会的基本结构，并确保社会中善的公平分配。第一个原则是，人人平等的自由权利。第二，只有当不平等"符合社会中地位最不利的人的最大利益"［他称之为"差别原则"（difference principle）］，并且所有公民都有得到公职和职位的平等机会时，这种不平等才是被允许的。罗尔斯的平等自由权包括基本的政治权利和自由，如言论、集会、投票和竞选公职的自由。如果我们对自己的处境一无所知，我们就会选择这些善，因为它们是"每一个有理性的人都被认为无论想要别的什么时都需要的东西"。在对自己或自己的地位一无所知的情况下，你也会渴望这些基本的自由，罗尔斯认为所有理性的人都会渴望这些自由。颇有争议的是，他明确排除了拥有"自由放任主义所说的某些契约财产（如生产资料）和契约自由"的权利。也就是说，个人没有拥有大型企业和重要资源的权利，这些是现代工业经济的基本组成部分（如工厂、银行和公用事业），共同构成了"生产资料"。与约翰·洛克相反，在罗尔斯看来，任何人都没有权利无限制地拥有和处置他们在公正社会中合法获得的财产。例如，从富有的父母那里继承财富是不公平的，因为这只是运气的问题，而运气与正义是相悖的。罗尔斯认为，一个公正的社会应该尽可能地消除随机事件对人们生活前景的影响。正义要求社会的基本结构井然有序，使偶然的优势和劣势成为整个社会而非个人的财富（或负担），这与马克思的共产主义思想（"各尽所能，按需分配"）相似。例如，生来就有身体缺陷的人不应该承担由此产生的额外代价，因为身体缺陷不是他们自己的错；同样的，一个天生就具有高智商的人也不应该从这种能力中受益，因为他们没有为得到这种能力付出相应的努力。因此，罗尔斯被视为当今所谓的"运气均等主义"（luck egalitarianism）的典范。

但罗尔斯并不是马克思主义者。在《正义论》一书中，他声称，对处于"无知之幕"下的那些公平公正的人来说，当（且仅当）财富不平等能够改善社会中最贫穷的人的福祉时，他们就会同意某种程度的财富不平等。在某些情况下，允许少数人获得比其他人更多的东西可能会促进经济增长，如果那些最不富裕人群能够分享到这一经济增长带来的好处的话，就可以由此改善他们的境况。因此，举例来说，让一个特别有才华的人赚得比别人多是可以的，但这仅限于其高收入也有利于社会中最贫穷者的境况——其高收入拉升了经济增长，继而通过增加税收，将其额外收入重新分配给穷人。与卢梭不同的是，罗尔斯反对为了实现平等而均贫，反对为了让每个人更平等而让每个人更穷。卢梭同意苏格拉底的观点，认为财富会腐蚀道德，所以他倾向于一个物质上贫穷（虽然不是极度贫穷）而平等的社会，而罗尔斯认为这是有悖常理的。很多马克思主义者和社会主义者认为罗尔斯的观点是对资本主义的妥协。然而，罗尔斯后来声称，他的自由主义的正义原则实际上甚至可能与改良后的资本主义都不相容。

　　由于罗尔斯最关注的是"什么是正义"这一问题，因此他对如何实现正义的论述相对较少。他确实告诉我们，一个强大而积极的国家是必要的，用他的话来说，我们需要国家"通过税收和对财产权的必要调整，以维持分配份额的一种大致的正义性"。这可能意味着支持累进所得税、严格限制财产继承。现在，这两项举措在发达国家已经很常见了。它还意味着需要制定法律来规范价格，防止"不合理的市场力量"的集中，这在成熟的西方经济体中也几乎已经是普遍性的了，尽管还远未达到罗尔斯希望的程度。

　　由于上述观点，大多数人顺其自然地认为，《正义论》是对战后资本主义福利国家的精心辩护，因为福利国家制度是与《正义论》中所说的正义原则最相容的制度。然而，罗尔斯后来否认了这一点，并公开质疑福利国家制度中存在的真实不平等，已经使其偏离了它所自我标榜的原则。在他去世前一年出版的《作为公平的正义：正义新论》（*Justice as Fairness: A Restatement*）一书中，他指出，任何形式的资本主义——无论经过怎样的修改和调整——都无法维护他的两项正义原则；一个公平的社会需要更为激进的东西，他模糊地称之为"财产所有的民主"（property-owning democracy），甚至是一个社会主义国家，在这个国家中，主要的公共设施和企业由政府而非私人所有。换句话说，政治自由主义可能意味着社会主义（或社会民主主义）经济。

《正义论》的出版，引发了学界数十年的激烈辩论，并变成了一项名副其实的产业，在英语世界中主导着政治哲学学术界长达一代人之久。在相当大的程度上，由于罗尔斯的缘故，自由主义政治哲学几乎就等同于了政治哲学本身。事实证明，罗尔斯的思想极具启发性，同时也缩小了政治理论的范围。在那些年间，美国变得越来越多样化，这对自由主义的理论和实践提出了严峻的挑战，要求它能够适应日益广泛的信仰体系、宗教和价值观。在他的另一部重要作品《政治自由主义》（*Political Liberalism*）中，罗尔斯直面了这些挑战。

与柏拉图和亚里士多德等古代哲学家的观点相反，罗尔斯认为，在不同的社会中，期望每个人在原则上或实践中都认同一种唯一好的生活方式，这既是不合理的，也是不现实的。一方面，理性人会在人生的终点问题上产生分歧；但另一方面，理性人也可以且应该就有限的政治原则达成一致，这些原则使得尽管存在使他们产生差异的更深层次的形而上学分歧，但他们依然能够和平合作。在接受这些原则的个人和共同体中，这些原则就像两支对战球队之间达成的比赛规则一样，由裁判员以国家的形式公正地执行这些规则。若不采取这一选择，那么情景将会是，要么强迫每个人屈从于一套完整的信仰，要么在相互竞争的团体和个人之间展开一场永不停止的持久内战，就像摧毁 17 世纪欧洲的宗教战争一样。这两种选择都无法实现一个持久公正和稳定的社会，如果没有这样一个社会（正如霍布斯所见），生活中的其他善也几乎不可能实现。在一个有着不同价值观和信仰的社会中，要想维持社会和平，就必须要避免强迫他人接受你的观点，这种态度被罗尔斯称之为"理性"（reasonableness）。这不是相对主义，因为多样性仍然受到政治正义的广泛自由原则的限制；它也不是一元论——一种对所有人的单一的普遍生活形式的信仰——因为它接受关于善的各种合法概念。相反，它是在相对主义和一元论之间，平衡多样性和约束性的中间道路。这种政治自由主义将多种私人信仰与共同的公共原则结合在一起，罗尔斯认为这是处理我们之间分歧的最佳和最公平的方式。

但是，对像罗尔斯这样的自由主义者来说是理性的事情，并不一定对每个人来说都是理性的。例如，一个真诚相信神圣诚命来自上帝的神圣文本的人可能会认为，把神圣诫命置于世俗的正义原则——优先考虑的是"一个公平的合作方案"——之下是非常不理性的；同样的道理也适用于那些相信死后有永恒幸福或永恒诅咒的人。任何一个把自由主义政治原则放在优先地位，支持信仰和平共处而非强制信仰的人，可能都不太可能需要罗尔斯的劝说，就自然地会接受这种世俗的正义原则。至于其他不接受这一正义原则的人，如果只是简单地把他们称为"不理性的人"，无论在理论上还是在实践中，都解决不了任何问题，因为"什么才是理性的"本身就是一个存在严重分歧的问题，而且很可能分歧永不消失。任何试图定义什么是"理性"的努力最终都会成为循环论证。此外，一种要求个体将个人信仰与公共原则严格区分开来的政治哲学，势必会引起人们对其所谓中立性的质疑。

约翰·罗尔斯往往被认为是将严肃的政治哲学从其战后衰退中复兴的人。他有着罕见的严谨性和深厚的学术积淀，并雄心勃勃地致力于解决政治和伦理学中最核心与最根本的问题，这改变了20世纪下半叶英语世界中的学术主题，也为之后有关政治正义的论争定下了基调。他提出，从概念上来看，自由主义可以与政治和经济平等，以及深刻的文化和宗教多样性相协调。由此，他以新颖的方式扩展了自由主义，并给那种在思想上已经变得陈腐、对许多人来说已经失去了吸引力的政治意识形态重新注入了活力。罗尔斯的这些影响是毋庸置疑的，这也是他能在政治哲学史中占据重要地位的基础。但是，作为公平的正义和政治自由主义，是否能够成为自由主义社会所面临的日益严峻的挑战的最终定论，目前还远未可知。

27　玛莎·努斯鲍姆：自我开发者

玛莎·努斯鲍姆曾就读于宾夕法尼亚州布林莫尔（Bryn Mawr）的精英学校——鲍德温女校（Baldwin School）。在那里，她不仅学习了法语、拉丁语和希腊语，还养成了对戏剧的终生热爱，并创作、主演了一部根据法国革命家罗伯斯庇尔的生平改编的戏剧。早在高中时候，努斯鲍姆就已经显现出了许多道德和政治哲学家的特质。她精通古典语言，因此日后撰写了很多关于古希腊悲剧和亚里士多德的书；事实上，我们将会看到，亚里士多德是她一生的试金石。其次，她对戏剧的热情促使她在哲学和文学之间展开了一场深刻的对话：她总是从文学的角度来阅读哲学，从哲学的角度来阅读文学。此外，她创作的那部关于罗伯斯庇尔的戏剧，也预见了她一生对社会正义和政治改革的热情，但她没有继承罗伯斯庇尔臭名昭著的政治恐怖手段！从很小的时候起，她就开始着手开发自己非凡的才能，然后一生都致力于倡导使更多的人获得自我开发的机会，就像她在鲍德温女校一样。

努斯鲍姆的道德和政治思想汲取了从柏拉图到约翰·罗尔斯的整个西方传统。和亚里士多德一样，努斯鲍姆一直认为，道德和政治生活的基本目标是每个人的幸福。此外，她还和亚里士多德一样，不是根据幸福的感觉来定义幸福，而是根据人的潜能的发展——即她所说的人类繁荣（human flouri-shing）——来定义幸福。她的整个学术生涯都致力于探索人类繁荣的意义。什么是真正幸福的人生？我们如何衡量人类的发展？努斯鲍姆作为一名政治活动家，一生致力于为那些长期被不公平地剥夺了繁荣机会的人——尤其是妇女、穷人和残疾人——的权益而抗争。她还主张为非人类的动物的繁荣提供更多的机会。

　　人的幸福或繁荣比阻碍幸福或繁荣的障碍更难以定义。努斯鲍姆早年对古希腊悲剧的热情使她认识到了那些通往幸福的主要障碍，如死亡、无知、背叛、诽谤、战争和政治迫害。在此基础上，我们现代人又可以加上毒瘾、离婚、痴呆和不公平的歧视等。事实上，有太多潜在的障碍阻碍我们过上幸福和繁荣的生活，我们也许会同意奥古斯丁的观点，即我们只能有望来生获得幸福——此生注定是一个经受磨难和痛苦的时期。

　　柏拉图开创了一种保护人的繁荣免受这些危险侵袭的策略：完全根据道德德性来定义幸福。回想一下，德性是一种后天习得的倾向，它要求以正确的理由始终选择做正确的事情。根据柏拉图的观点，每个人都或多或少地有能力（capacity）去了解善的实现需要什么，并且也有能力去实现善。当然，如果我们没有受到良好的教育（这是运气的问题），没有不断地做出正确的选择，这种能力就不会发展成一种稳定的德性。一旦我们获得了这些德性，这些德性就定义了我们。从而无论我们的身体、我们的家庭、我们的财产、我们的名誉发生了什么，都不是发生在我们身上的。通过这些道德德性的训练，我们就成为自给自足的、无懈可击的：没有任何邪恶可以渗入我们善良意志的内在堡垒。我们看到，即使遭受了不公正的迫害，甚至最后被处决，苏格拉底仍然是幸福的：没有任何外在的邪恶可以威胁他对做正确事情的坚定承诺。柏拉图笔下的苏格拉底常说：受不义之苦胜于行不义之苦。受不义使人无法达到真正的自我，而行不义则会伤害自己——也就是说，伤害了一个人的道德意志。

虽然努斯鲍姆被这种柏拉图式的、坚不可摧的道德自给自足的观点所感动，但最终她拒绝了这种观点。她认为按照亚里士多德的观点，成为人就是居住在一个身体里，并去爱其他人，尤其是朋友和家人。这意味着我们不能退缩到一个我们安全的内在精神堡垒。成为人意味着总是容易遭受悲剧，因为我们的身体是脆弱的，我们与我们所爱的人的关系也是脆弱的。我们也许可以试图将自我从财产、名誉、他人甚至自己的身体中抽离出来——的确，某种程度的抽离是明智的——但最终我们需要通过与外物的联系而找到幸福、实现繁荣。柏拉图式的自给自足策略或许能使我们免于遭受某些悲惨的苦难，但其代价是我们丧失了太多的人性——即使胜利了，也是一次痛苦的胜利。

亚里士多德继柏拉图之后，坚持认为必须拥有道德和理智的德性，才能过上幸福和繁荣的生活。毕竟，大多数人类的痛苦都是自己造成的：我们愚蠢的信仰和糟糕的选择通常反映了我们德性的缺失，这至少部分是我们自己的过错。努斯鲍姆同意亚里士多德的观点，认为发展道德和理智上的德性是实现繁荣的最佳途径。但即使德性是幸福的必要条件，它也不足以保证幸福。我们仍然容易受到许多恶的侵害。拥抱一个充满苦难的人生是需要勇气的，这种勇气对于人类在家庭、朋友和同胞之间的真正繁荣是必要的。在努斯鲍姆处理这些问题的方法中，最引人注目之处在于她有能力从古希腊戏剧、现代小说，以及经典哲学著作中汲取灵感。

　　努斯鲍姆对政治哲学的最重要贡献源于她与经济学家阿马蒂亚·森（Amartya Sen）的合作。在研究经济发展的过程中，森认为我们衡量经济发展的方式是存在严重缺陷的。长期以来，我们一直根据收入的增长或幸福感的自我报告来衡量经济的进步，但森坚持认为，我们真正应该衡量的是人的能力（capabilities）：能够实现那些有价值的人类潜能，如读、写和计数，管理自己的生活（结交朋友、结婚），享受和欣赏大自然之美。换句话说，经济发展应该用亚里士多德的观点去看待，应被理解为有价值的人类能力的客观实现，而不是金钱的获得，或者仅仅是一个人幸福的主观信念。一个发达的社会是一个所有公民都能实现人的基本能力的社会。

　　努斯鲍姆被森所解释的亚里士多德式的经济发展方法所吸

引。她概括了森对社会正义理论的见解，认为一个正义的社会应该是每个人都能获得发展人类基本能力所必需的资源和机会的社会。在大多数社会中，女性、穷人、少数民族和残疾人都没有这种机会，结果就是，这些人所拥有的能力比享有特权的公民要少。她指出，仅仅询问人们的生活是否过得好是有问题的，因为那些被压迫的人往往对生活抱有较低的期望。如果一个人对有文化、管理自己的生活、参与政治等都不抱有期望，那么说他／她缺失实现这些能力的才能当然也就无从谈起了。但这当然并不意味着，如果有可能的话，人们不会选择那种拥有更高能力的生活。

　　如果说努斯鲍姆是通过概括森的方法来发展出了一种社会正义理论，那么她也通过列出具体的基本能力清单（森明确拒绝这么做）来详细地说明了森的方法。要成为有能力的人，就是要能够享有如下这些善：生命；健康；身体健全（能够自由迁徙和免于暴力攻击）；感觉、想象和思考（教育和创造力）；情感（自由地去爱，自由地建立依恋关系）；实践理性（自我管理的自由）；与别人的关系；与其他物种的关系；娱乐；对外在环境的控制（政治参与的权利、财产权）。一个人能在多大程度上运用这些能力，他就能多大程度上拥有幸福和繁荣的生活，而一个正义的社会是人人都有机会发展这些能力的社会。

　　努斯鲍姆的能力清单结合了约翰·洛克和卡尔·马克思的

思想。洛克和他的继承者，如詹姆斯·麦迪逊，都强调政治能力，如自由言论、集会和投票的权利。对他们来说，一个正义的社会，必须要保证每个公民享有基本的政治自由，即那些他们所认为的基于私有财产的优先权的自由。马克思和他的继承者，则坚持认为社会正义建立在基本的经济权利之上，如食物、衣服、住房、医疗和就业的权利。马克思说，如果没有这些经济权利，自由主义宣称的政治权利就是一个骗局。如果我饿了、病了或失业了，言论自由又有什么用呢？值得注意的是，努斯鲍姆所列的清单中既包括了自由主义的政治权利，也包括了马克思主义的经济权利。

努斯鲍姆的社会正义观还结合了亚里士多德和约翰·罗尔斯的思想。她从亚里士多德那里获得了这样的观点：人类的繁荣和幸福源于将我们宝贵的人类能力发展成道德和理智上的德性（她称之为"能力"）。然而，从约翰·罗尔斯那里，努斯鲍姆获得的观点是：一个自由的政体不应该强迫它的公民变得有能力或有德性。回想一下，罗尔斯捍卫的是一种"政治自由主义"，其中，一个正义的政体将容忍各种各样的道德和宗教生活方式，只要这些不同生活方式的持有者不试图强迫任何人也遵从这种生活方式即可。因此，一个以政治自由主义理想为指导的社会，将允许但不要求其公民追求努斯鲍姆所列的能力清单。社会正义所需要的是每个公民都应该有资源和机会来开发努斯鲍姆所列出的能力，而不是要求公民实际上去行使那些能力。与之相反，根据亚里士多德的观点，一个政体不仅应该确保公民有机会去行使这些能力，而且还应该确保他们确实行使了这些能力。亚里士多德说，由于人类的幸福取决于人类的卓越才能，那么政治领导人就有义务确保公民确实行使了这些能力，而不是把生命浪费在琐碎的娱乐活动上。

因此，亚里士多德的政体是家长式的，并要求其公民发展道德和理智上的德性，即使这些公民不愿意这样做。而努斯鲍姆和罗尔斯一样，都反对亚里士多德式的家长作风。但儿童除外，例如，她认为应该通过义务教育迫使儿童获得基本能力。然而，作为一个罗尔斯式的自由主义者，她反对政府拥有强迫成年人保护自己的健康、发展自己的思想或寻求道德德性的权利。因此，在努斯鲍姆看来，一个完美体现正义的社会状态可能是，每个人都拥有开发自己核心能力的机会，但实际上却没有一个人这样去做的社会。

玛莎·努斯鲍姆在她的许多著作和文章中，教给了我们很多关于人类繁荣及其陷阱的知识。首先，她对繁荣进行了全面的描述，那种繁荣体现在人类生活的身体、情感、社会和理性等诸多方面。其次，她提醒我们注意人类生活中不可避免的脆弱性：我们所有的能力都笼罩着能力不及的阴影（all of our abilities are shadowed by disability）。人类的幸福和尊严因其脆弱而愈加珍贵。

在一个以财富衡量人类发展的世界里，努斯鲍姆振聋发聩地提醒我们，即使是在非常富裕的社会中，依然有许多公民，会由于不公正的歧视、贫困、残疾或忽视，而无法行使基本的个人、社会或政治能力。在一个追求更高"生活水平"可能是不可持续的世界中，她提供了一条发展道路，一条关注学习、爱与公民身份多过物质财富的道路，一条对人类的幸福和我们的星球更好的道路。

28 阿恩·奈斯：登山者

从童年时起，阿恩·奈斯的暑期和假日都是在挪威卑尔根以东的山中度过的。20 世纪 30 年代后期，20 多岁的奈斯在一个偏僻的山上建造了一个简易的小屋，并把它命名做"Tvergastein"；那个地方非常偏远，以至他骑着马往返 62 次才把建房用的木材搬运完。此地高 1500 米，应该可以说是斯堪的纳维亚半岛个人搭建的海拔最高的小屋了，需要经过漫长的徒步行走、雪攀或滑雪才能到达。尽管奈斯在全球活动、研究、写作和教学，过着国际化的生活，但他大部分时间都待在这个山上的隐居地，探索当地的动植物，阅读柏拉图、亚里士多德、斯宾诺莎和甘地。他力图不仅在他心爱的山上，而且在地球上尽可能少的留下足迹。所以他只吃蔬菜，只拥有必需品，经常住在他那没水没电、热量稀薄的小屋里。为什么一位杰出的哲学家会选择退出现代世界，甚至在很大程度上退出人类社会呢？奈斯已经爱上了他的山顶，这种爱使他与万物——从跳蚤到人类——融为一体；他甚至考虑把自己的名字改为 Arne Tvergastein。

我们总是在失去后，才知道自己的真爱是什么。回想一下，埃德蒙·柏克在法国大革命之后开创了保守的政治思想。在所有的道德、宗教、社会和政治传统受到 1789 年革命者的攻击之前，是没有"保守派"的；同样，在工业革命威胁要摧毁所有的荒野甚至熟悉的乡村景观之前，也是没有环境保护主义者、生态学家或自然保守主义者的。正如政治保守主义者通过关注到政治上消失的传统而看到了政治的变革一样，许多自然保护主义者也通过注意到自然栖息的丧失而看到了经济的变化。奈斯最为强有力地哀悼我们在现代商业、工业和技术方面所失去的东西，他甚至还曾经把自己锁在瀑布上，以避免瀑布被大坝拦截。

奈斯最著名的是他的"深层生态学"（deep ecology）概念。据他所说，大多数环境保护主义者的目标仅仅是为了促进人类自身的价值——通过减少污染来保护人类健康，通过节约资源来保护人们未来的消费，通过保留一些荒野来供人们娱乐。奈斯说，所有这些"浅层生态学"（shallow ecology），都忽略了自然除对人类福利的影响之外的内在价值。而深层生态学则认为，不仅是人类，所有生物都有生存和繁荣的权利。奈斯对他所看到的人类的傲慢感到震惊，他们将整个自然界视为仅仅是为了人类自己的方便而被使用、毁坏或浪费的柴堆。

在《圣经》中，上帝赋予了亚当对自然的"统治权"。但奈斯拒绝这种人类统治甚至管理自然世界的观念——仿佛人类可以掌握足以"管理"自然的无限复杂性似的！根据奈斯的说法，人类进行自然管理的每一次重大尝试都适得其反，这揭示了我们的傲慢与无知。例如，许多大型水坝现在正在被修改或拆除，因为它们造成了无法预料的生态灾难；工业化农业带来的是沙漠和沙尘暴。奈斯希望人类成为地球的好公民，而不是地球的主人。

奈斯说，作为地球上的好公民，我们不仅要关注狭隘的人类利益，还要关注整个自然界的共同利益。这种共同利益是什么？奈斯跟随 17 世纪的哲学家斯宾诺莎，认为自然只是上帝的另一种说法。奈斯相信，神性只是自然的另一个方面，而不应该将精神或神圣的现实置于自然之外或之上。斯宾诺莎认为，最高的人类利益就是对上帝的理智的爱；奈斯说，这意味着对生命无限多样性的热爱。斯宾诺莎说，包括人类在内的每一种生物都在努力保护自己并实现其所有的力量。奈斯坚持认为，自然的共同利益是每个生物体的自我实现。人类自我实现的独特之处在于，虽然人类只是大自然的一小部分，但却能够沉思和热爱整个大自然。奈斯说，这意味着人类不是通过远离自然，而是通过在自然之中找到我们的真实家园，来接近神性的。虽然人类总是想要航行到新大陆，现在甚至是要飞行到新星球，离开我们的自然家园，但奈斯坚持认为，只有与特定的自然环境建立亲密关系，人类才有可能真正获得幸福。因此，奈斯拒绝接受全球化、世界主义和旅游的现代理想，更不用说太空旅行了。他甚至努力让挪威脱离欧盟。他含蓄地希望每个人都能像他似的，与特定自然地点建立终身亲密关系。

奈斯的深层生态学理论和他对非人类的自然的崇拜导致他

被其他生态学家称为神秘主义者、厌恶世人者（misanthropic）、法西斯主义者甚至是纳粹主义者——尽管他曾英勇地参加过挪威人对德国占领进行的抵抗活动。由于人类对原始自然，甚至是对地球上生物的未来都构成了独特的威胁，一些"深层生态学家"确实是厌恶世人的。他们认为，如果想让自然界能够持续生存下去，我们就需要更多的疾病、战争和贫困，来减少人类数量。奈斯本人认为，出于对自然共同利益的尊重，我们需要大规模削减人类数量——将人口数量控制在1亿左右。但在奈斯成为生态学家之前，他是甘地非暴力哲学的信徒。甘地在自己家中容忍着毒蛇、蜘蛛和蝎子——他将自己非暴力原则扩展到了整个自然界，奈斯同样拒绝任何使用武力或胁迫来保护自然的手段，他只想通过自愿的计划生育来减少人口。尽管他自己的深层生态学带来了激进甚至暴力的影响，甚至别人也对他恶言恶语，但奈斯依然是最热爱和平的活动家。他从未诉诸言语论战或辱骂；相反，他在争论中总是尊重自己的对手，并努力与对方求同存异。每个见过他的人都会认为，奈斯身上体现了和平与善意——他在世界上寻求实现之物。

在奈斯还是一个年轻人时，他曾在显微镜下看到一个跳蚤跳入酸质溶液中，这一经历对他造成了极大的心理阴影。奈斯惊恐地目睹了这只跳蚤的挣扎、苦痛和死亡，从此以后，奈斯终身都坚持素食主义。他对遭受苦难的跳蚤的同情的认同成为他深层生态学的基石。奈斯不是要求人类为了其他生物而牺牲我们自己的利益，而是要求我们认同其他生物，扩展我们自己的"自我"，将整个自然包含在"自我"之内。通过自我的这种扩展，保护自然就成为一种理智的自我利益，而不再是利他的自我牺牲。

虽然他偶尔会使用"权利""义务"等词，但奈斯更倾向用"美""快乐"等语言；当他偶尔提到每个生物的"生命权"时，他就是在指我们有不去杀害它们的"义务"。并且他还扩展了康德的著名律令：在我们与其他生物相处的过程中，"不能把人仅仅当作手段，但也不能把人仅仅当作目的"。但是，总的来说，奈斯对所有的道德都不感兴趣，他认为道德只不过是说教性的攻击。他认为人类的动机不是出于道德责任，而是出于对世界的理解。如果我们意识到自己只是生命网络中的一小部分，认识到自己是在自然之中而不是在自然之上，如果我们学会欣赏原始生态系统的复杂性和美，那么我们对自然的保护就是出于快乐而非责任感的。作为甘地式的和平主义者，奈斯不愿对他人施加道德义务，更不用说法律义务了。他更倾向于身体力行、以身作则，展现自己对所有生物富有爱心的柔情。因此，关于杀戮的原则他总会列明例外情况："永远不要杀死其他生物，除非你是为了生存。"他谴责出于娱乐的杀戮，但不谴责出于饥饿的杀戮。尽管他拒绝对生物进行任何明确的排序，但他确实有人类生命优先权的暗示。

奈斯经常被描述或诋毁为"神秘主义者"。他认为我们无法从语言（更不用说哲学论证）中把握到与自然相关的原始"敬畏"。根本上来说，他是一位精神思想家，声称在制定任何生态伦理之前，必须先培养人类对自然的惊叹之心。奈斯本人把斯宾诺莎的泛神论、佛教思想和甘地印度教思想纳入自己的自然灵性理论之中。但他也认为，在许多其他的宗教传统中，同样可以找到对自然的适当精神回应。

　　与"上帝"概念一样，不同的人对"自然"一词有着截然不同的想象。自然可以是一个养育子女的母亲形象，有着生命的循环和相互依赖的关系；或者，自然也可以是捕食者和猎物生存竞争的形象，有着灭绝的循环。奈斯的自然最终是一个相互共存、和谐的和平王国，即《圣经》所说的"狮子与羊羔同卧"的世界。他认为，仅仅有人类存在，这是不自然的：我们的傲慢自大、我们失控的繁衍、我们破坏性的理智，都对自然的和谐构成了独特的威胁。自然是一个天堂的花园，直到人类出现并推翻了神圣的秩序。除非人类退回到自己应有的位置，成为众多生物中的一种，否则自然将会被摧毁。

　　然而，从另一种更偏向达尔文主义的观点来看，自然根本不是一个和平或和谐的地方：每种生物都深陷生存竞争之中，每种生物都会生育过多的后代，每种生物都会杀与被杀。自然的历史是充满了饥饿、死亡危机、无情的捕食和灭绝的历史。通过随机基因突变的一些偶然事件，人类实现了理智和敏捷性的独特的强大结合，这使我们成为顶级掠食者。按照这种观点，人类文化、技术和城市化是对我们生态位的自然适应，是它们使我们得以统治和征服其他所有生物。

人类是否曾与自然和谐相处过呢？奈斯和其他生态学家都认为，史前和当代的那些狩猎–采集者是可以与自然共存的，但化石记录表明并非如此。例如，这些狩猎–采集者一到美国，就会迅速开始猎捕冰河时代的一切大型哺乳动物，并很快导致了它们的灭绝。也就是说，除非受限于人类的知识和能力，否则人类的"破坏性"（如果这就是掠食的话）将是无限的。

根据卡尔·马克思的观点，人类天生就有将自然世界转变为人类可识别的事物的倾向，使自然进入人类世界。根据阿恩·奈斯的说法，人类应该停止转变自然，而开始顺应自然。我们天生就是地球的主人和拥有者吗？还是说，我们天生只是其他生物的同胞？这属于终极的宗教和哲学问题，不太可能很快就得到解答。

我们应该如何解释奈斯在深层生态学和浅层生态学之间做出的区分？虽然他拒绝了一种"人类中心主义"的自然观（他称之为"浅层生态学"），但他自己颂扬与自然交流的快乐，颂扬生态多样性，颂扬所有物种的繁荣和当地生态的和谐，所有这些反映的也都是独特的人类价值。换句话说，深层生态学和浅层生态学理解和评价的都是与人类繁荣相关的自然。浅层生态学认为自然只有在为人类提供物质的、短暂的需求满足时才有价值；而深层生态学则认为，当自然为人类提供精神的、永久的需求 —— 对美和崇高的沉思，对自然秩序的理智复杂性的惊奇，对不由我们自己所创造的神秘恩赐的谦卑 —— 满足时才有价值。

结论　政治与哲学的不幸联姻

　　考虑到政治思想的悠久历史，人们自然会好奇思想是否对现实世界产生了影响。卡尔·马克思对此不以为然，他的观点有其道理，因为早在进行政治思考之前，就有政治活动了。人类通常在思考行动之前就先采取行动了。事实上，我们之所以建立理论，主要是为了克服我们达成实际目标所面临的障碍——人只有在找不到钥匙的时候才会去思考锁具的运作原理。就像亚里士多德关于射箭的比喻所说的，也许哲学可以帮助我们更清楚地看到我们想要到达的目标。通过对自由、平等、正义等模糊概念的思考，哲学家可以帮助我们更专注地追求这些理想。不幸的是，正如我们所看到的，哲学家们对这些理想各持一端、互不相容。在我们的多位射箭导师给出了不同瞄准目标的情况下，又怎么能要求我们射得更加精准呢？在这种情况下，如果没有导师，我们反而可能会做得更好。

　　尼采的观点更为消极，他认为对行动的思考甚至可能会破坏有效的政治。毕竟，大胆的领袖和果断的行动都需要确定性和信心，而哲学却引导我们走向怀疑、反思和犹豫。毕竟，莎士比亚笔下的人物哈姆雷特，可能就是因为学了太多的哲学，反而使自己无法行动；他对自己应做之事思考得太多，以至发现做任何一件事都很难。如果哲学能促进更好的政治发展，那么人们就会寄希望于让哲学家成为好的统治者。但是，除了柏拉图，大多数人都认为哲学家成为统治者只会是不合格的、优柔寡断的统治者，或者更糟（有时还会糟得多）。

我们还是不要把我们的政治哲学家想成是统治者了，我们应该把他们想成是对政治未来的预言家或空想家，他们关心的不是我们现在在哪儿，而是我们应该往哪儿去。从这个意义上说，他们就像其他伟大的创新者一样：例如，列奥纳多·达·芬奇在飞机和潜艇真的出现之前很久，就开始构想它们了。也许我们伟大的政治思想家就是这种有远见卓识的人，他们所设想的是只有在很久很久以后才可能得以实施的政治类型。例如，孔子提出，君主在制定公共政策之前应该听取文人官僚的意见。你瞧，几个世纪后，中国真的就建立了一套旨在用文人学者充当官僚机构的科举制度。而柏拉图所设想的共产主义，则启发了马克思、列宁；他提出的消除核心家庭的建议，则启发了以色列的集体农场，并至今继续鼓舞着激进女权主义者。法拉比想象伊玛目同时是哲学家，就像迈蒙尼德想象哲学家同时也是拉比一样。

有些政治思想的确是有预见性的。1513年意大利被分裂成几十个独立的王国和共和国时，马基雅维利就呼吁建立一个统一的意大利；后来意大利花了350年时间最终实现了统一。在欧洲由数百个世袭君主统治、各国之间不断发生战争的时代，康德就预见到，欧洲大陆将会是一个永远无战的宪政共和国组成的大陆；此时距欧盟成立还有 150 年。比法国暴力推翻旧政权、改变欧洲历史进程还要早 25 年，卢梭就预言到了欧洲即将进入"革命时代"。在罗伯斯庇尔或拿破仑出现之前，柏克就曾预言恐怖统治和军事独裁统治。在世界还是由英国和法国统治时，托克维尔就曾预测说，有一天，整个地球将被美国和俄国瓜分，后来冷战期间的确是如此。

而有些政治思想就没那么有预见性了。马克思曾预言资本主义"不可避免的"崩溃；麦迪逊在 18 世纪协助起草的美国宪法也不再被认为是一个庞大、复杂的工业社会和后工业社会的理想框架；康德的"永久和平"时代也无迹可循；潘恩坚信君主制总是倾向于暴政，而这与加拿大、澳大利亚、新西兰和北欧和平、民主的宪政君主制相矛盾，所有这些国家都比潘恩所认为的"人类进步的灯塔"的美国更为平等。

一些政治哲学家的观点是非常黑暗的、消极的，我们只能寄希望于它们不会真的实现。卢梭、托克维尔、尼采和阿伦特都对先进工业民主国家的未来感到担忧，担心公民们耽于安全和舒适，会为了大众娱乐和消费的短暂乐趣而欣然放弃来之不易的政治自由。在一个由环环相扣的精英进行管理，但没有任何人担负责任的私人消费的全球化世界里，政治本身也许会过时。又或者，在奈斯的噩梦中，人类会因对自然的贪婪和暴力剥削将地球毁灭，进而被迫殖民外太空，流亡到别的星球。

尽管有一些证据表明，政治哲学在想象新型政治（包括积极的和消极的）方面具有预言性的作用，但政治哲学不仅关乎未来，也关乎过去。即使那些看起来最具创新性的方面也常常是从历史中获得灵感的。孔子认为，学者在向君主提建议时，应该回顾伟大的"圣王"时代。柏拉图关于共产主义的激进观点似乎是受到了古埃及等级制度的启发，包括统治者、战士和工匠。奥古斯丁、阿尔·法拉比和迈蒙尼德也都是从古代圣典中寻找政府模式，阿奎那则同时从摩西和亚里士多德的思想中寻找政府模式。阿伦特坚持认为，现代公民应该有古代雅典人那样的勇气，在公共场合行动起来，而马基雅维利统一意大利的梦想也是对古罗马辉煌的复原。

我们的一些政治哲学家试图摆脱过去的一切的影响，尽管通常我们可以清楚地看到他们观念的历史渊源。霍布斯、洛克、卢梭、康德和罗尔斯都设计了思想实验，在这些实验中，前政治的人会就一套纯粹理性的权利原则达成一致；他们感兴趣的不是人们实际上拥有什么权利，而是在一个纯粹理性和公正的社会中人们应该拥有什么权利。然而，众所周知的是，所谓的"理性"所要求的权利，实际上是紧密追随着英国在与王室对抗的过程中逐步获得的习惯法中的自由权的历史的，这一历史可以追溯到1215年的《大宪章》。我们的政治哲学家们所提出的纯粹"理性"权利的抽象方案，往往是对英国人从过去继承下来的权利的进一步完善和普遍化。这样看来，美国革命与其说是与过去决裂，不如说是坚持要求英国尊重其在美洲殖民地的传统英国式自由。那些想要用理性来逃避历史的哲学家，最终往往依然是在重复历史。

政治和哲学的关系往往是紧张的，因为它们寻求不同的、有时甚至是不相容的东西。这就是为何会有那么多哲学家因其政治信仰而遭受迫害。这个问题在西方文明开端处就已经存在了，当时古雅典的公民们判处他们最伟大的哲学家苏格拉底死刑，因为他们认为苏格拉底的激进思想腐蚀了城邦里的年轻人。马基雅维利、潘恩、甘地遭受过监禁，孔子、亚里士多德、迈蒙尼德、霍布斯、洛克、卢梭、马克思和阿伦特也都曾被流放。在西方历史上，直到最近，公开谈论政治、公开出版政治言论才算是安全了。这种自由是一种来之不易的现代成就，但它仍然是不稳定的，仍然有许多敌人。

这些思想家的观点有时对政治也是危险的。古雅典人谴责苏格拉底是有原因的：他们认为苏格拉底在不顾后果地破坏他们的城邦，把他个人对真理的追求置于城邦利益之上。观念可能导致有害的结果，甚至可能是破坏性的结果。通常很难预测观念进入现实世界并拥有了自己的生命后，它们将会如何发展。例如，卢梭关于政治美德的理论启发了激进的雅各宾派，他们认为可以用这些理论来论证恐怖统治的正当性。我们也已经看到，纳粹是如何试图盗用尼采的思想来支持其非人道的政策的。柏拉图、马克思和卢梭也都曾被指责要为极权主义的出现负责。

哲学与政治之间的紧张关系，让人想起那则关于豪猪的寓言：豪猪在寒冷中为了相互取暖而聚在一起，但当它们被彼此尖锐的刺刺痛时，又会拉开距离；它们既需要对方，却又无法忍受对方；它们为彼此提供安慰，同时又为彼此制造痛苦。就像豪猪一样，政治和哲学也是彼此相互获利，同时又相互威胁。最后，豪猪们认为最好是彼此靠近，但又彼此之间保持一点距离；少一点温暖意味着少一点痛苦；但若一点疼痛也没有，可能就意味着要被冻死。

政治和哲学彼此紧密相连，总的来说，这是一件好事，尽管它们各自都给对方带来了风险。没有一种政治体系是全无政治思想的，对政治进行哲学思考和思考本身一样不可避免。就其本身而言，哲学并不存在于远离现实世界的另一个世界中，它只有在一个能够提供最低限度的和平与稳定、有利于反思的政治体系内才能繁荣发展。正如霍布斯写道："闲暇是哲学之母，而国家是和平与闲暇之母。首先有繁荣大城市的地方，就首先有哲学的研究。"如果说霍布斯认为政治是哲学的前提是正确的，那么哲学必须研究政治才能更好地保护自己。也许这就是苏格拉底在行刑前拒绝逃出关押他的监狱的原因。当他有钱的朋友克里托提出要安排让他越狱时，苏格拉底出于对法律的尊重拒绝了这一提议，尽管他即将因法律的名义被处死。在导致他死亡的审判中，苏格拉底认为哲学是国家利益所必须的，以此为哲学做辩护。哲学质疑那些在政治中被视为理所当然的事物，这不仅是为了更好地理解这些事物，而且是为了使它们变得更好；要使它们变得更好，通常需要通过想象新的政治理想、制度、正义原则和生活形式来达成。没有这种想象，政治就真的只是一片恶臭的泥坑了。

思想家年表

孔子	551—479 bc
柏拉图	约 428—约 347 bc
亚里士多德	384—322 bc
奥古斯丁	354—430
阿尔·法拉比	约 872—约 950
迈蒙尼德	1135 或 1138—1204
托马斯·阿奎那	1225—1274
尼科洛·马基雅维利	1469—1527
托马斯·霍布斯	1588—1679
约翰·洛克	1632—1704
大卫·休谟	1711—1776
让-雅克·卢梭	1712—1778
埃德蒙·柏克	1729—1797
玛丽·沃斯通克拉夫特	1759—1797
伊曼努尔·康德	1724—1804
托马斯·潘恩	1737—1809
格奥尔格·威廉·弗里德里希·黑格尔	1770—1831

詹姆斯·麦迪逊	1751—1836
阿历克西·德·托克维尔	1805—1859
约翰·斯图亚特·密尔	1806—1873
卡尔·马克思	1818—1883
弗里德里希·尼采	1844—1900
莫罕达斯·甘地	1869—1948
汉娜·阿伦特	1906—1975
弗里德里希·哈耶克	1899—1992
约翰·罗尔斯	1921—2002
玛莎·努斯鲍姆	1947—
阿恩·奈斯	1912—2009

进一步阅读建议

　　我们列出了本书介绍的每一位思想家的最重要的政治著作。对于古代和中世纪思想家的作品，我们推荐优秀的现代英语译本。对于现当代思想家的作品，我们选择介绍每部作品的首版，而不是具体的英文译本，因为它们有许多很好的选择。

古代　ANCIENTS

孔子　Confucius
The Analects, translated by D. C. Lau (Penguin Classics, 1979)
Mencius, translated by D. C. Lau (Penguin Classics, 2005)

柏拉图　Plato
The Trial and Death of Socrates, translated by G. M. A. Grube (Hackett, 2000)
Republic, translated by C. D. C. Reeve (Hackett, 2004)
Statesman, translated by Eva Brann et al. (Focus Philosophical Library, 2012)
The Laws, translated by Trevor Saunders (Penguin Classics, 2004)

亚里士多德　Aristotle
Nicomachean Ethics, translated by Terrence Irwin (Hackett, 1999)
Politics, translated by C. D. C. Reeve (Hackett, 2017)

奥古斯丁　Augustine

Political Writings, translated by Michael Tkacz and Douglas Kries
(Hackett, 1994)

City of God, edited and abridged by Vernon Bourke (Image Books,
1958)

中世纪　MEDIEVALS

阿尔·法拉比　Al-Farabi

Medieval Political Philosophy: A Sourcebook, edited by Joshua
Parens and Joseph Macfarland (Cornell University Press, 2011)

The Philosophy of Plato and Aristotle, translated by Muhsin Mahdi
(Cornell University Press, 2001)

迈蒙尼德　Maimonides

Medieval Political Philosophy: A Sourcebook, edited by Joshua
Parens and Joseph Macfarland (Cornell University Press, 2011)

The Guide of the Perplexed, edited and abridged by Julius Guttmann
(Hackett, 1995)

托马斯·阿奎那　Thomas Aquinas

On Law, Morality, and Politics, translated by Richard Regan (Hackett,
2002)

St. Thomas Aquinas on Politics and Ethics, translated by Paul
Sigmund (Norton, 1988)

现代　MODERNS

尼科洛·马基雅维利　Niccolò Machiavelli

The Discourses on Livy (1531)

The Prince (1532)

Maurizio Viroli, *Niccolò's Smile: A Biography of Machiavelli* (2001)

托马斯·霍布斯　Thomas Hobbes

The Elements of Law (1650)

De Cive ('On the Citizen') (1642)

Leviathan (1651)

Behemoth (1679)

A. P. Martinich, *Hobbes: A Biography* (1999)

约翰·洛克　John Locke

Second Treatise of Government (1689)

A Letter Concerning Toleration (1689)

Maurice Cranston, *John Locke: A Biography* (1985)

大卫·休谟　David Hume

A Treatise of Human Nature (1738–1740)

Essays, Moral and Political (1741)

An Enquiry Concerning the Principle of Morals (1751)

The History of England (1754–1762)

Dialogues Concerning Natural Religion (1779)

Roderick Graham, *The Great Infidel: A Life of David Hume* (2004)

让-雅克·卢梭　Jean-Jacques Rousseau

A Discourse on the Origins of Inequality (1755)

The Social Contract (1762)

Leo Damrosch, *Jean-Jacques Rousseau: Restless Genius* (2007)

埃德蒙·柏克　Edmund Burke

Reflections on the Revolution in France (1790)

An Appeal From the New to the Old Whigs (1791)
Letters on a Regicide Peace (1795–1797)
Conor Cruise O'Brien, *The Great Melody: A Thematic Biography of Edmund Burke* (1992)

玛丽·沃斯通克拉夫特　Mary Wollstonecraft
A Vindication of the Rights of Men (1790)
A Vindication of the Rights of Woman (1792)
Janet Todd, *Mary Wollstonecraft: A Revolutionary Life* (2000)

伊曼努尔·康德　Immanuel Kant
An Answer to the Question: "What is Enlightenment"? (1784)
Groundwork of the Metaphysics of Morals (1785)
Perpetual Peace: A Philosophical Sketch (1795)
The Metaphysics of Morals (1797)
Manfred Kuehn, *Kant: A Biography* (2009)

托马斯·潘恩　Thomas Paine
Common Sense (1776)
The Rights of Man (1791–1792)
The Age of Reason (1794–1796)
Agrarian Justice (1797)
John Keane, *Tom Paine: A Political Life* (1995)

G. W. F. 黑格尔　G. W. F. Hegel
Philosophy of Mind (1817)
Elements of the Philosophy of Right (1820)
Terry Pinkard, *Hegel: A Biography* (2001)

詹姆斯·麦迪逊　James Madison
The Federalist Papers, especially numbers 10 and 51 (1788)
Memorial and Remonstrance against Religious Assessments (1785)
Noah Feldman, *The Three Lives of James Madison: Genius, Partisan, and President* (2017)

阿历克西·德·托克维尔　Alexis de Tocqueville
Democracy in America (1840)
The Old Regime and the French Revolution (1856)
André Jardin, *Alexis de Tocqueville: A Biography* (1984)

约翰·斯图亚特·密尔　John Stuart Mill
On Liberty (1859)
Considerations on Representative Government (1861)
Utilitarianism (1863)
The Subjection of Women (1869)
Richard Reeves, *John Stuart Mill: Victorian Firebrand* (2007)

卡尔·马克思　Karl Marx
The Manifesto of the Communist Party (1848)
The Eighteenth Brumaire of Louis Napoleon (1852)
The Civil War in France (1871)
Critique of the Gotha Programme (1875)
Capital, 3 volumes (1867–1894)
The German Ideology (1932)
Francis Wheen, *Karl Marx* (2000)

弗里德里希·尼采　Friedrich Nietzsche
Thus Spoke Zarathustra (1883)
On the Genealogy of Morality (1887)

The Will to Power (1901)

Julian Young, *Friedrich Nietzsche: A Philosophical Biography* (2010)

当代　CONTEMPORARIES

莫罕达斯·甘地　Mohandas Gandhi

Non-Violent Resistance (Satyagraha) (1951)

Autobiography (1927)

Ved Mehta, *Mahatma Gandhi and His Apostles* (1976)

汉娜·阿伦特　Hannah Arendt

The Origins of Totalitarianism (1951)

The Human Condition (1958)

Eichmann in Jerusalem (1963)

Anne Conover Heller, *Hannah Arendt: A Life in Dark Times* (2015)

弗里德里希·哈耶克　Friedrich Hayek

The Road to Serfdom (1944)

Law, Legislation, and Liberty (1973)

The Fatal Conceit (1988)

Alan Ebenstein, *Friedrich Hayek: A Biography* (2001)

约翰·罗尔斯　John Rawls

A Theory of Justice (1971)

Political Liberalism (1993)

Justice as Fairness: A Restatement (2001)

Thomas Pogge, *John Rawls* (2007), chapter 1

玛莎·努斯鲍姆　Martha Nussbaum

The Fragility of Goodness (1986)

Creating Capabilities: The Human Development Approach (2011)

阿恩·奈斯   Arne Naess
Ecology of Wisdom: Writings of Arne Naess (2008)
Life's Philosophy: Reason and Feeling in a Deeper World (2002)

译名对照表

abilities　能力

abortion　堕胎

Abrahamic religions　亚伯拉罕宗教

absolutism　专制主义

action　行动

Acton, Lord　阿克顿勋爵

Adams, John　约翰·亚当斯

aesthetics　美学

Age of Reason, The (Paine)　《理性的时代》(潘恩)

agreement　共识

ahimsa　不害

Albert the Great　大阿尔伯特

Alexander the Great　亚历山大大帝

Analects (Confucius)　《论语》(孔子)

anarchists　无政府主义者

anarchy　无政府状态

Anti-Christ, The (Nietzsche)　《敌基督》(尼采)

anti-clericalism　反教权主义

anti-Semitism　反犹主义

Antigone (Sophocles)　《安提戈涅》(索福克勒斯)

Apology, The (Plato)　《申辩篇》(柏拉图)

appeasement　绥靖

Aquinas, Thomas　托马斯·阿奎那

Arabic language　阿拉伯语

Arendt, Hannah　汉娜·阿伦特

corruption　腐败

cosmopolitanism　世界主义

cosmos　宇宙

counter-revolution　反革命

courage　勇气

Crick, Bernard　伯纳德·克里克

crime　犯罪

criminal justice　刑事司法

Cromwell, Oliver　奥利弗·克伦威尔

cruelty　残忍

cunning of reason　理性的狡计

cynicism　犬儒主义

d'Alembert　达朗贝尔

Dante, Alighieri　阿利吉耶里·但丁

Darwin, Charles　查尔斯·达尔文

De officiis (*On Duties*, Cicero)　《论责任》（西塞罗）

death　死亡

deep ecology　深层生态学

deism　自然神论

delegates　代表

democracy　民主

despotism　专制主义

dialectic　辩证法

Dialogues Concerning Natural Religion (Hume)　《自然宗教对话录》（休谟）

Dickens, Charles　查尔斯·狄更斯

Diderot, Denis　丹尼斯·狄德罗

difference principle　差别原则

dignity　尊严

dirty hands problem　脏手问题

Discourses on Livy (Machiavelli)　《论李维》（马基雅维利）

致　谢

本书的完成有赖于多方帮助，在此，我们需要对他们一一致谢。

格雷姆·加勒德（Graeme Garrard）

我很感谢卡迪夫大学允许我请假写这本书，也很感谢剑桥大学卡莱尔学院，正是当年在此做访问学者时，我开始了本书的构思和写作。

罗纳德·贝纳（Ronald Beiner）、托拜厄斯·潘特林（Tobias Pantlin）、戴维·雷兹瓦尼（David Rezvani）、彼得·塞奇威克（Peter Sedgwick）、切里·萨默斯（Cherrie Summers）、霍华德·威廉姆斯（Howard Williams）阅读了我写的章节的草稿，并给出了相当有建设性的意见。我非常感谢他们对此付出的时间和精力。

我很幸运拥有大力支持我的朋友和同事，他们丰富了我的工作生活，其中主要有马特奥·博诺蒂（Matteo Bonotti）、大卫·鲍彻（David Boucher）、安德鲁·道林（Andrew Dowling）、大卫·汉利（David Hanley）、肖恩·洛林（Sean Loughlin）、尼克·帕森斯（Nick Parsons）、刘易斯·保罗·布利（Lewis Paul

Buley）、卡罗尔·帕特曼（Carole Pateman）和克雷格·帕特森（Craig Patterson）。

我大学就读于多伦多大学，师从罗纳德·贝纳。在此期间，我第一次开始认真地研究政治思想，罗纳德·贝纳激发了我对这门学科的兴趣，从那以后，他一直是我作为一个学者的榜样。

最后，也是最为重要的是，我再也不可能找到比詹姆斯·伯纳德·墨菲更好的作者、评论家和朋友了。

詹姆斯·伯纳德·墨菲（James Bernard Murphy）

1976 年，在耶鲁大学的定向研究项目中，我开始关注政治哲学；1990 年，我在耶鲁大学获得了博士学位。

我同样要感谢达特茅斯学院，在那里我有幸向许多优秀的学生传授政治思想，他们挑战着我，让我诚实地面对自己知识的局限，同时，他们也以年轻的激情激励着我。我要特别感谢帮我校对手稿的学生：纳塔莉亚·麦克拉伦（Natalia McLaren）、卡塔琳娜·内西克（Katarina Nesic）、乔西·皮尔斯（Josie Pearce）和约瑟夫·托塞拉（Joseph Torsella）。

在政治哲学和友谊方面，我的合著者格雷姆·加勒德教给我的远多于他人教给我的。

我非常感谢我的妻子柯尔斯滕·吉布托斯基（Kirsten

Giebutowski），感谢她认真阅读了我写的章节。如果说这些章节具有任何文学上的优点的话，那都得归功于她的精心编辑。

我和格雷姆·加勒德均分了书写任务，我负责所有古代和中世纪的思想家（从孔子到阿奎那），还有一些现代和当代的思想家（黑格尔、麦迪逊、托克维尔、甘地、哈耶克、努斯鲍姆和奈斯）。格雷姆·加拉德负责其余的思想家。

我们非常感谢我们的代理商杰米·马歇尔（Jaime Marshall），感谢布鲁姆斯伯里出版社的编辑杰米·伯基特（Jamie Birkett），感谢他们给出的大量建议、鼓励。

图书在版编目（CIP）数据

一种正确的可能 / （英）格雷姆·加勒德
(Graeme Garrard)，（美）詹姆斯·伯纳德·墨菲
(James Bernard Murphy) 著；杨婕译. -- 北京：光明
日报出版社，2022.7

书名原文：HOW TO THINK POLITICALLY：Sages,
Scholars and Statesmen Whose Ideas Have Shaped the
World

ISBN 978-7-5194-6562-9

Ⅰ.①一… Ⅱ.①格…②詹…③杨… Ⅲ.①政治思
想史－世界－文集 Ⅳ.① D091-53

中国版本图书馆 CIP 数据核字 (2022) 第 070218 号

HOW TO THINK POLITICALLY：Sages, Scholars and Statesmen Whose Ideas Have
Shaped the World

Copyright © Graeme Garrard and James Bernard Murphy, 2019

This translation is published by arrangement with Bloomsbury Publishing Plc

Simplified Chinese edition copyright © 2022 by GINKGO (BEIJING) BOOK CO., LTD

版权登记号：01-2022-1744

一种正确的可能
YIZHONG ZHENGQUE DE KENENG

著　者：[英] 格雷姆·加勒德	译　者：杨　婕
[美] 詹姆斯·伯纳德·墨菲	

责任编辑：舒　心　曲建文　　　　　策　　划：郝明慧
封面设计：张　萌　　　　　　　　　责任校对：傅泉泽
责任印制：曹　诤

出版发行：光明日报出版社
地　　址：北京市西城区永安路106号，100050
电　　话：010-63169890（咨询），010-63131930（邮购）
传　　真：010-63131930
网　　址：http://book.gmw.cn
E-mail：gmrbcbs@gmw.cn
法律顾问：北京市兰台律师事务所龚柳方律师

印　　刷：天津中印联印务有限公司
装　　订：天津中印联印务有限公司
本书如有破损、缺页、装订错误，请与本社联系调换，电话：010-63131930

开　　本：143mm×210mm
字　　数：171千字　　　　　　　　印　　张：9
版　　次：2022年7月第1版　　　　印　　次：2022年7月第1次印刷
书　　号：ISBN 978-7-5194-6562-9

定　　价：52.00元